Tanio Romano

Mashtrimi Palestinez

Historia e vërtetë pas 75 vitesh gënjeshtrash të pa imagjinuara anti izraeliane

Përkthyer nga S. E. Piazza

Tanio (Gaetano) Romano është autor i bestsellerve të vlerësuar nga historianët e nga akademikë si në Itali ashtu dhe jashte vendit. Pas suksesit në Itali të librit *"L'inganno palestinese"* - për të plotësuar kërkesat e ardhura nga jashtë - është përkthyer në anglisht, spanjisht, frëngjisht, gjermanisht, rusisht, portugalisht ,arabisht, në gjuhët hollandeze e hebraike. Faqja e tij profesionale në *Facebook* ka kaluar me kohë 19.000 fansat.

https://www.facebook.com/
ThePalestinianDeceit/

https://www.instagram.com/
ingannopalestinese

https://twitter.com/IngannoPale

https://threads.net/
ingannopalestinese[1]

https://www.facebook.com/
TanioRomano

---

1. https://treadhs.com/ingannopalestinese

Te gjithe miqve hebrej

Të dhënat

Shënime të autorit

Ky liber është kontrolluar me vëmendje; megjithatë nuk ekziston askush që ka guximin të thotë se ka bërë veprën perfekte e sigurisht që as kjo nuk është. Duke përbledhur me qindra data, emra (sidomos të Lindjes së Mesme), të dhëna,numra, thënie e anektoda, është normale që mund të dali ndonjë gabim, edhe shtypi. Kemi besim në mirëkuptimin që lexuesi, zakonisht,i njeh atij që punon me seriozitet. Jemi gati për korrigjime në raport me këdo,që me të drejtë,do e kërkojë. Për shkak të gjithë këtij volumi kaq të madh pune e për ta bërë volumin sa më të rrjedhshem ,kemi vendosur 'në të kundër te 5 volumeve te tjera të të njëjtit autor' te evitojmë citimet e ndryshme.

Për këtë motiv burimet, nga ku janë nxjerrë informacionet që libri paraqet, do tregohen mënjanë.

Disa te dhena për një lexim sa më të mirë:

1...Pjesa e citimit mungon

2. Komentet ose shtesat e dhëna në korsive e midis thonjezave,nuk çojne tek teksti origjinal. [Shënime të autorit]

3. Në rast të citateve të gabuara totalisht ose jo edhe në lidhje me shenjat e pikësimit, janë per faj te atyre qe kanë shkruar e që u kerkojnë falje autorëve. 4. Mendimi mbi personat, faktet ose sjelljet është personal, prandaj nuk pretendohet te jetë i bazuar ose korrekt. Edhe pse të bindur që "palestinezet" në realitet janë konsideruar gjithmonë si hebrej - siç tregohet në këtë volum - duke pasur parasysh se ne vitet 60 u ndryshua kuptimi, per te lehtesuar kuptimin e tekstit, do të përdoret në këtë mënyrë,që nga fillimi, në kuptimin e (gabuar).

Hyrje

Nuk ekziston, ndoshta,asnjë çështje politike që ka arritur të bejë për vete opinionin publik dhe atë ndërkombëtar në një front të perbashkët - që tejkalon anët politike, fetare, etnike, kombetare o sociale- si konflikti arab-izraelian.

Përkrahet pala "palestineze" nga ndonjë herë pa njohur lëndën; ose pas asnjë motiv. Vetë autori - edhe pse nuk kishte pasur ndonjëherë një pozicion të përcaktuar - duke u ushqyer vetëm me informacionet publike në dispozicion e ka konsideruar Izraelin fajtor, të pakten per 'pushtimin' e tokave të të tjerëve.

Zbulimi, pas shqyrtimit e verifikimit të të dhënave- se e verteta ishte ndryshe - ishte nje surprize e madhe, e faktet tregonin që realiteti kishte ndryshuar; p.sh se ishin palestinezët në realitet,nga të gjithë – të paktën deri në vitet 60 konsideroheshin hebrej -; ata që i frynin urrejtjes, që përdornin dhunën, ishin pikërisht arabët që përgatisnin luftën, që nga 1947; që mjetet e komunikimit, të informacionit, shtypi, shtetet, organizatat ndërkombëtare (dhe ato jo qeveritare), kanë përdorur falsitete e gabime të jashtëzakoneshme; që Izraeli – në të kundërt me shteteve arabe- është, një nga shtetet më të lira, democratike e multi raciale të botes; që izraelianët kritikohen jo vetem për faktin që ekzistojne, por dhe që "guxojne" të mbrohen nga agresionet ushtarake e terroristike; që e vetmja lobi është ajo arabe që furnizohet rregullisht nga financimet ekonomike internacionale e këto do i tregojmë me imtësi, që nga më shumë se 75 vjet, kampi palestinez eshte drejtuar e mbrojtur nga personazhe e nga ideologia nazifashiste së bashku me parrullat e tyre kanë pasur si synim boikotazhin kundrejt Izraelit; që ShBA dhe Britania e Madhe ishin në dijeni të Shoah-ut gjatë Luftës së Dytë Botërore,por preferuan te mos ndërhyrnin për të mos prishur qejfin e popujve arabë të Palestinës.

Mungonte nje vademekum informativ, por në të njëjtën kohe mjaft mire i dokumentuar - i nje autori te pa lidhur me asnje nga të dy palët, ose me paragjykime para ekzistuese.

Kush shkruan - nuk është izraelian, as i besimit hebrej- është i mendimit se Italia (dhe Europa), në vend të zbatojnë politikat pro-palestineze, duhet te marrin shembull nga nje shoqëri e hapur si ajo izraeliane, per tu zhvilluar më shumë.

E vetmja, dhe ndoshta e paperseritura, e Lindjes se Mesme.

Kapitulli 1 - "Nuk ekziston historia"

Krijimi i "Palestinës"

Zahir Muhsein ,anëtar i Komitetit ekzekutiv i OLP, në një intervistë të dhënë gazetës hollandeze Trouw në 31 mars 1997, pranonte: "*Populli palestinez nuk ekziston. Krijimi i Shtetit palestinez është vetëm një mjet për të vazhduar luftën tonë kundër Shtetit izraelian, për unitetin tonë arab*".

Opinion i izoluar në mes të arabëve? Aspak: Azmi Bishara, arab izraelian, ish-deputet i Knesset-it,i arratisur nga Izraeli mbasi u akuzua se kishte qenë spiun për Hezbollahun gjatë luftës së dytë të Libanit, shprehte te njejtin koncept: "*Populli palestinez nuk ekziston...*". Në 1937 një eksponent lokal arab Auni Bej Abdul-Hadi kishte parashikuar para Komisionit Peel, që kishte si detyrë, ndarjen e Palestinës, të njejtin koncept: "*Nuk ekziston! Palestina është një fjalë e krijuar nga Sionistët! Nuk ka Palestinë në Bibël...*".

Deshira ime ishte që në hyrjen e ketij volumi t'ju lija fjalën direkt "palestinezëve" për të zbuluar e për ti hequr maskën gënjeshtrës së parë të madhe; nuk kanë ekzistuar kurrë një gjuhë e një kulturë palestineze; keto janë vetëm një "shpikje" ashtu si jordanët, sirianët, libanezët e irakenët- entitete kombëtare të krijuara pas luftes së parë botërore.

Gjatë administrimit britanik (1918-1948) Palestina u shpall krahinë me një sipërfaqe prej 26.320 km katrorë, e kufizuar në veri nga kodrat, nga jugu i lumit Litan e nga Libani, në lindje nga lumi Jordan, nga Deti i Vdekur e nga lugina e Aravës; në perëndim nga Mesdheu e nga gadishulli i Sinait dhe në jug me gjirin e Eilatit. Në këtë moment thelbësore është kuptimi i emrit: Toka e shenjtë në latinisht quhet Siri Palestina, në hebraishten biblike *Pelesheth ose Eretz Pelishtiyim*, Toka e Filistejve, në hebraishten moderne është zëvendësuar me *Eretz*

Ha-Ivrim, "Toka e hebrejve", "Toka e Izraelit" e *Medinat Israel* "Shteti i Izraelit" e akoma "Toka ku rrjedhin qumështi dhe mjalti", "Toka e premtuar". *Filastin* në arabisht rrjedh pikerisht nga fjala latinishte e 135 k.s, e lidhet me emrin e nje populli detar që u vendos në brigjet e Kananit, në lashtësi, populli i Filistejve. Me kalimin e kohës fjala latinishte Filistea u kthye në Palestine. Atyre që kundërshtojnë titullin hebraik të ketij territori i duhet kujtuar që 12 Tributë (Fiset) e Izraelit krijuan monarkinë kushtetuese afër Kananit rreth 1000 p.k.s. Edhe pse nën Monarkinë e ashtuquajtura "Palestine" u nda në dy mbretëri, hebrejtë përbënin shumicën për më shumë se 400 vite. Rreth fundit të mijëvjeçarit të II p.k.s hebrejtë mbërriten në Xhude, Samari e Galile; për pjesën më të madhe të 1000 viteve të mëvonshme ata përbënin shumicën e popullsisë e qeverisën pothuajse të gjithë vendin. Pasi shtypën dy revolta (e prima dhe e dyta lufta hebraike), ne 66-73 e ne 132–135 p.k.s romaket vendosën të quanin Palestinë, Xhudenë, Iudaea. Hebrejtë ngelën gjithmonë në Palestinë deri në 1948 - edhe pse në pakicë në krahinat – ku i kishte çuar Moseja.

Edhe arkeologjia dëshmon se pas pushtimit hebraik në 1271p.k.s, prezenca e hebrejve ka qene kostante për 3300 vite. Konfirmimin e faktit të emrit të territorit ku sot gjendet shteti i Izraelit e japin monedhat përkujtimore të fitores së Titos dhe Vespazianit mbi hebrejtë në 70 k.s, në të cilat lexohet "*Iudea capta est*". Shumë e qarte. Po musulmanët Arabët pushtuan Palestinën në 637 k.s dhe e qeverisën deri në 750 pra per 113 vite; I rëndësishëm është fakti që si kryeqytet zgjodhën Ramlen jo Jeruzalemin. I vetmi sundim arab i kohes sonë pas ketij pushtimi, zgjati vetëm 22 vjet. Të shumta ishin pushtimet e persianeve, çirkasëve, bizantineve, kurdëve, mongolëve, mamelukëve, egjiptianë deri tek turqit që krijuan Perandorine Osmane. Pikërisht gjatë Perandorisë, në fillim të shekullit te XX – të në Palestinë, përveç hebrejve kishte magrebinë, egjiptianë,druzë,armenë, grekë, turq, turkmenë,beduinë njerëz të ardhur nga Arabia, çeçenë, çirkasë azerë, shqiptarë,kurdë, boshnjakë e venecianë. Gjurmë të etnisë ose grupit "palestinez"... asnjë. Nga ana tjetër flamuri palestinez (i krijuar nga hiçi) është i njëjtë me atë të Jordanisë (shtet me të cilin kufizohet), me përjashtim të një ylli më pak.

Historiani i famshëm arab-amerikan, profesor në Princeton Philip Hitti, që në 1946 garantonte: "*Në histori nuk ekziston Palestina, absolutisht jo*".

Por të paktën në Kuran do ekzistojë diçka e tillë, shpresojmë.

Jo, flitet për "Tokën e Shënjtë" (al-Arad al-Mukadash), por asnjëherë ama, për Palestinën. Akoma sot shumë "palestinezë" quhen Al-Masri (egjiptiani), Masarwa (egjiptianët), Al'Haurani e Fayoumi; kjo tregon prejardhjen e tyre nga Egjipti. Ja çfarë pranoi Ministri i Punëve të brendshme të Hamasit Fathi Hammad: "*Të gjithë banorët e Gazës janë gjysmë egjiptianë e gjysmë sauditë*".

Po shefat "palestinezë" ku kanë lindur? Zëdhënësi I OLP-së, Mahmud Abbas (Abu Mazen), nuk ka lindur në "Palestinë", aq më shumë Yasser Arafati, lideri i OLP-së, Lindur e rritur në Kairo,siç do të tregojmë, deri sa arriti maturinë. Nga ana tjetër Izraeli nuk u krijua ose themelua në 1948, datë në të cilën vetëm u formalizua situata e krijuar 2000 vjet para lindjes së Islamizmit. Këtë e dëshmon fakti që para 1967 askush, që nuk ishte hebre, vetëquhej palestinez.

14

Bile dhe OKB, në rezolutën e ndarjes të 1947, flet për *"shtetin hebre"* e për *"shtetin arab"*, asnjëherë për atë *"palestinez"*.

Nga ana tjetër, n.q.s nuk do ishte kështu, atëherë pse gazeta e *Organizatës Sioniste në Shtetet e Bashkuara* ishte *New Palestine*, kompania elektrike izraeliane quhej *Palestine Electric Company*, pse ekzistonte hebraika *Palestine Foundation Found* dhe himni i të rinjve sionistë përmbante rreshtin *"Palestina,oh Palestina ime"*; pse *Jerusalem Post*, nga 1932 deri në 1948, quhej *The Palestine Post, Banka Leumi*, nga 1902 deri në 1948 quhej *Anglo-Palestinë Company, Agjensia Hebraike* që merrej me sistemimin e hebrejve që nga 1929, quhej *Agjensia hebraike për Palestinën* e *Orkestra Filarmonike* e Izraelit quhej *Orkestra Simfonike e Palestinës*?

• • • •

Xhezu-salemme

Një nga refrenët më të dëgjuar është ai që thotë që Jerusalemi kishte qenë arab, ose palestinezë. Në vendin e "harresave", harrohet të thuhet që nuk ka qenë asnjëherë kryeqytet i ndonjë shteti arab, as kur Jordania e pushtoi. Në të kundërtën mbreti David e shpalli kryeqytet të Izraelit 3000 vjet më parë. N.q.s kjo nuk mjaftonte Muhameti, nuk ka qenë asnjëherë në Jeruzalem emri i të cilit përmendet më shumë se 700 herë në Testamentin e vjetër e asnjëherë në Kuran; hebrejtë luten me fytyrën e kthyer nga Jeruzalemi, ndërsa musulmanët luten duke i kthyer shpinën Jeruzalemit. Pse vallë? Jeruzalemi ka mbajtur gjithmonë vendet më të shenjta të hebraizmit si Murin Perëndimor në Qytetin e vjetër muri i vetëm i ngelur nga Mali i Tempullit; aq më shumë hebrejtë kanë jetuar pa shkëputje atje për dy mijëvjeçarë e nga 1948 përbëjnë dhe shumicën. Në *Daily Tribune* (15.04.1854) Marksi numëronte 15.500 banorë (4.000 myslimanët e 8.000 hebrenj), në 1876, zyrtarisht ishin 25.000 banorë (nga të cilët 12.000 hebrej e 7.500 arabë dhe 5.500 kristianë). Në 1905 ishin gjithsej 60.000, nga të cilët 40.000 hebrej, 7.000 mysylmanë e 13.000 kristianë. Në 1931 ishin 90.000 (pothuajse 50.000 hebrej, 20.000 arabë e i njëjti numër për kristianët). Në 1948, kur do formalizohej shteti hebre ishin 165.000 banorë (100.000 hebrej, 40.000 arabë e 25.000 kristianë. Numrat flasin qartë.

Megjithatë në korrikun e 2000, gjatë takimit në *Kamp David*, Arafati, duke u përpjekur të qëndronte serioz, deklaroi se në Jeruzalem nuk ekzistonte Tempulli i Hebrejve, por vetëm xhamia *Al-Aqsa*. Të vjen ta pyesësh, memoriet historike të Xhuzepe Flavios, të Tacitos, basorelievët e harkut të Titos që tregojnë hebrejtë e burgosur që mbajnë në krahë shandanin me 7 krahë, Menorahun, që sot është simboli istituzional i shtetit të Izraelit, janë gënjeshtra? Arkeologu Gabriel Barkay e kritikoi menjëherë për një *"mohim më të keq bile sesa ai i Shoahut"*. Arafat duhej ta kishte ditur se që nga 1924- 1953, Këshilli Suprem Musulman kishte shtypur çdo vit një guidë (Guidë e vogël e Haram sl-Sharif) në të cilën thuhej se *"identiteti me sitin e Tempullit të Salomonit nuk vihet aspak në dyshim"*.

Nëse kjo nuk mjafton ja ç'farë shkruante komentatori i Kuranit Abdallah ibn Umar al-Baidawi: *"Nuk kishte asnjë xhami kur Muhameti fluturoi në Jeruzalem"*. Historiani al-Tabari kujton se kalifi Umar gjatë pushtimit, shkoi te vëndi *"ku romanët varrosën Tempullin e bijve të Izraelit"*. Tek Myftiu i Jeruzalemit, Hajj Amin al-Husseinì, mëkatet antisemite të të cilit do i shohim më vonë, keni besim? E pra ai nuk kundërshtoi guidën e xhamive të 1936- s që theksonte se Haram al-Sharif ishte ndërtuar në vend të Tempullit të vjetër.

Kur në majin e 1948-s Jordania sulmoi e pushtoi Jeruzalemin lindor, ndau qytetin,për herë të parë, e përzuri hebrejtë, që atëherë, megjithëse armëpushimin e 1949 e sidomos paragrafin 8 mbi hyrjen e lirë në vendet e shenjta e në institucionet kulturore, u ndalua hebrejve të shkonin afër murit perëndimor e varrezës së Malit të Ullinjve. Mbreti Hussein fyeu ndjenjën fetare të hebrejve kur u ndërtua një rrugë drejt Hotelit Internacional që kalonte në mes të varrezës e gurët e varreve që kujtonin rabinët e burrat e mençur, u përdorën nga inxhinierët arabë si pllaka sheshi ose banjoje. Edhe sot mund të lexohen akoma shkrimet mbi to. Sikur kjo të mos mjaftonte jordanët shkatërruan lagjen e hebrejve, Qytetin e vjetër e shumë sinagoga. Në të kundërt, Izraeli pas luftes së 1967, aprovoi ligjin mbi lirinë e besimeve fetare për të gjithë: *"Kushdo që do bëj diçka që i afrohet shkeljes së lirisë për besimtarët e feve të ndryshme që nuk u lejon këtyre të fundit hyrjen në vendet e tyre të shenjta do dënohet me burgim deri në 5 vjet"*.

Provë e kësaj është fakti që presidentit Anwar Sadat, ju lejua të falej në xhaminë *Al-Aqsa*. Izraeli i ka lënë çdo feje tutelën e kontrollin e vendeve të shenjta; p.sh *Waqf*, Enti që në botë kontrollon në botën arabe pasuritë kulturore arabe,kujdeset për xhamitë e Malit të Tempullit. Kjo nuk do të thotë që Izraeli nuk përpiqet për të evituar rreziqet që mund të godasin këto vende; p.sh në 1990, një grup estremist hebre, deshi të ecte në Malin e Tempullit, gjatë Sukkot, për të vënë gurin e qoshes për Tempullin e Tretë. Qeveria izraeliane, me mbështetjen e Gjykatës së Lartë, e ndaloi për të mos lënduar ndjesën arabe. Kur Izraeli, pas luftës mbrojtëse (si gjithmonë të pafundme), mori të gjithë territorin e Jeruzalemit u njohu arabëve të drejtën e zgjedhjes midis nënshtetësisë izraeliane ose jordaneze duke pasur gjithmonë të drejtë vote.

Paradoksi qëndron në faktin që shumë arabë as që mendojnë të bëhen palestinezë. Ishmael Khaldi, beduin në trupin diplomatik izraelian deklaronte: *"Jam krenar që jam izraelian e së bashku me etnitë e tjera jetojmë në një nga shtetet më interrazial e në demokracinë e vetme të Lindjes së Mesme"*.

Në dhjetor 2021 siti palestinez *Shfa News* publikoi një sondazh shumë domethënës i kryer mes 1.200 palestinezëve në Jeruzalem, të gjithë kishin letër njoftime hebraike; 93% e të intervistuarve u shpreh se preferonte të jetonte në Izrael e se ishte më mirë që Jeruzalemi të vazhdonte të qeverisej nga Shteti hebre. Gazetari arab-izraelian Yoseph Haddad, i lindur në një familje kristiane në Haifa e i njohur për opinionet anti Hamas, publikoi lajmin në social media e komentoi me ironi *"sa çudi që njerëzit preferojnë të jetojnë nën regjimin e aparteidit"*. Të njëjtën gjë kishte thënë dhe aktivisti, mysylman, Dema Taya në tv, intervistuesit palestinez: *"Jo! Izraeli nuk është shtet që aplikon aparteidin e kush e mendon një gjë të tillë, duhet ti vijë rëndë. Ti jeton në këtë shtet e gëzon të gjitha të drejtat që të jep nënshtetësia izraeliane"*.

Në 2007 u fol për ndarjen e qytetit në konferencën e Annapolisit, e pra nga 12.000 - që nga 250.000 - që prej 1967 kishin kërkuar shtetësinë, vetëm 4 muaj para konferencës, arritën në Ministrinë e Punëve të brendshme izraeliane,3.000 kërkes të reja. Ndoshta nga frika që projekti mund të kalonte e atëherë do ngeleshin nën drejtimin palestinez. Kur u diskutua spostimi i kufirit e në këtë mënyrë shumë rezidentë do kalonin nën drejtimin palestinez, arabët palestinezë të qyteteve, sidomos ata të *Umm el- Fahm*, qyteti mysylman më i madh në Izrael i shkruan kryeministrit Olmert për ti kërkuar garantimin e të drejtave politike,civile, humane e mirëqenien që gëzonin në Izrael. Sheik Hasham Abed el Rahman, kryetari i bashkisë i Umm el- Fahm e i madhi i Wadi Ara Forum i kryebashkiakëve arabë- hebrej deklaroi: "*Ne dëshirojmë të ngelemi pjesë e shtetit izraelian*". Le të ngreri dorën atëherë, kush beson akoma që arabët persekutohen nga hebrejtë.

"Vjedhja" (me pagesë) e tokave.

Le ta nisim nga fillimi,kur hebrejtë nisën, nën drejtimin e partisë laburiste, kolektivizimin. Nuk ishte gjë tjetër, veçse zbatimi i programit të Teodor Herzlit mbi grupet kolektive që mundësoi transformimin e një numri të madh refugjatësh hebrej, nga tregtarë e profesionistë në bujq të vërtetë.

Askush s'mund të mohojë që hebrejtë e rilindën Galilenë dhe e kthyen te shkëlqimi biblik. L'yishuv, komuniteti hebre në tokën e Izraelit, themeloi qytete (si Tel Avivin në 1909) e krijoi Universitetin (në 1924 Teknikumin e Haifës e në 1925 atë të Jeruzalemit).

Por le të mbërrijmë te pika kryesore, tek gënjeshtra, që nuk vdes kurrë, sipas të cilës në periudhën midis luftërave botërore, hebrejtë u vodhën tokat arabëve. Në realitet ata i blenë nëpërmjet krijimit në 1920 të *Keren Hayesod*, fondi kombëtar i ndërtimit të Izraelit që merrej me mbledhjen e fondeve për blerjen e tokave në Mandatin e Palestinës. Cishuvi bleu rreth 533.000 dynym që në vitet '30 u shtuan me 300.000 të tjerë. Në fillim u blenë prona të mëdha, pastaj ato më voglat,të lëna djerrë që efendijtë u shitnin hebrejve. Askush nuk vodhi,bile ato toka u paguan më shumë sesa vlenin në realitet. Në 1940, p sh. Çmimi ishte 50 herë më I lartë sesa në 1910! Hebrejtë e blenë tokën nga latifondistët arabë me një çmim shumë të lartë deri në 1.000 - 1.500 dollarë hektarin kur në të njëjtën periudhë toka fertile e Iowas në ShBA kushtonte 110 dollarë për hektar. Konsulli gjerman në Jeruzalem dëshmonte: *"Ditën pronarët arabë protestojnë kundër migracionit hebre e natën atyre u shesin tokat".*

Eli Barnavi konfermon se pronarët e mëdhenj e fellahët e vegjël u shisnin me çmime shumë të larta tokat enteve sioniste pa u preokupuar për çështjet pseudo- përkatëse.

"Hebrejtë- përsëriti Komisioni Simpson në 1930 - *kanë paguar çmime shumë të larta për tokën e bile shpesh herë u kanë dhënë personave që kishin zënë ato toka, pa qenë aspak pronarë,shuma shumë të larta, që nuk ishin aspak të detyruar të paguanin".*

Por paradoksi i paradoksave është që mbështetësit e të ashtuquajturit Olokaust palestinez, në realitet kanë rritur numrin e arabëve që ndodheshin në zonë (emigrantë nga vendet fqinje) në lidhje me kushtet e jetesës më të mira të krijuara nga vetë ata.

"Emigracioni arabë - konfirmonte në vitet '30 governatori britanik I Sinait - *vazhdon jo vetëm nga Egjipti por edhe nga Transjordania e nga Siria, është e vështirë të thuhet që arabët në Palestinë përzihen n.q.s në të njëjtën kohë mbërrijnë vazhdimësisht të tjerë".* Rritja ishte më shumë se 20% e sidomos midis '22 e '44 numri i arabëve u dyfishua. Në të njëjtën periudhë u ul në mënyrë të ndjeshme vdekja fëmijënore (që gjatë '25 e '45 ra nga 201 në 94 për mijë). Për sa i përket *"mungesës së tokave* - në 1937 Komisioni Peel shprehej - *"se nuk rrjedh përshkak të blerjes nga ana e hebrejve, por për shkak të rritjes së numrit të arabëve".* E kundërta e atyre që proklamojnë

gënjeshtarët antizraelianë. Për tu mbyllur gojën katastrofistëve filopastinezë, rritja më e madhe u përqendrua në zonat me dendësi më të lartë hebraike; në periudhën midis 1922 e 1947 në Haifa e Jeruzalem, qytete ku kishte arabë e hebrej, numri i të parëve u rrit me 290% e 131%, kurse në qytetet arabe si Nablus e Jenin u rrit vetëm 42% e 37%.

Një *"tentativë"* Olokausti që arrin një rezultat të çuditshëm. Tjetër gjë s'mund të thuash.

••••

Izraeli fitimtar, i vetëm kundër të gjithëve

Por si u realizua lindja e shtetit izraelian? Në Kongresin e 6-të Sionist në Bazilea në 26 gusht 1903, Herzl presantoi disa alternativa për një vend të sigurt për hebrejtë që largoheshin nga Rusia: Uganda, një zonë bregdetare e Sinait, në Egjiptin e sotëm,një provincë argjentine e një zonë në veri-lindje të Australisë.

Në fund u vendos ajo që të gjithë e dimë tashmë. Problemi qëndronte në faktin që edhe pas Shoahut asnjë shtet nuk pranoi të merrte përsipër gjysmë milionë hebrejtë (njerëzit pa truall) siç i quante me përbuzje burokracia alleate. Palestina,megjithë Britaninë e Madhe e Librin e saj të madh në fuqi edhe pas fundit të luftës së dytë botërore, nuk ishte një zgjedhje,por ishte e vetmja shpresë. Për këtë motiv pas Olokaustit pothuajse 200.000 të mbijetuar gjetën shpëtim në shtetin hebre i krijuar siç do shohim, në sajë të 2/3 e votave të Kombeve të Bashkuara në 1947; shpejt 800.000 hebrej gjetën shpëtim pasi ishin përzënë ose kishin ikur për shkak të persekutimit në vendet arabe. Prandaj idea që shteti i Izraelit ishte "dëmshpërblimi" për hebrejtë pas Olokaustit; në majin e

1947 me forzë delegati sovjetik Andrej Gromiko, në selinë e OKB mbrojti këtë zgjidhje:

"Fakti që asnjë shtet i Evropës perëndimore nuk ishte në gjendje të garantonte mbrojtjen e të drejtave elementare të popullit hebraikë e ta mbronte nga dhuna e kriminelëve fashistë shpjegon dëshirat e hebrejve për të krijuar shtetin e tyre. Do ishte e padrejtë të mos të mbaheshin parasysh e tu mohoej e drejta e popullit hebre për të realizuar këtë dëshirë".

Një anëtar I Dhomës së L'Lordëve pyeti, duke treguar injorancë, Weizmannin: *"Pse insistoni me Palestinën kur ka shumë vende të prapambetura ku mund të shkoni?"*. Përgjigja ishte mjeshtërore: *"Përse veni te mamaja juaj 20 milje larg jush kur ka shumë plaka të tjera afër shtëpisë suaj?"*.

Nga ana tjetër njihet dhe idea, sipas të cilës, britanikët i kishin premtuar arabëve, sipas letërkëmbimit midis Husseinit e MacMahonit, pavarësinë e Palestinës. Gjatë Luftës së Parë Botërore Hussein ibn'Ali,një nga liderët islamikë nga korriku 1915, filloi të shkëmbente një sërë letrash me Sir Henry MacMahon, Komisar i lartë për Egjiptin, për të shkëmbyer zonat që do t'u njiheshin arabëve si pagesë për kontributin e tyre në luftë kundër turqve. Në letërkëmbimin, në të kundërt të asaj që mund të mendohet fjala Palestine nuk përmendet kurrë, d m.th nuk kuptohet ç'farë fjale nuk mbajtën britanikët.

Pas rënies së Perandorisë Otomane, francezët e britanikët ndanë territorin në zona influenze dhe e ndanë territorin pa u interesuar aspak për kufijtë ose për popullatat që atje banonin. Në 1922 krijuan Emiratin e Transjordanisë, e quajtur më pas Jordani (d.m.th e gjithë Palestina në lindje të lumit Jordan) e ja dhuruan emirit Abdullah. Po Iraku? Ju dha emirit Faisal ibn Hussein në 1926, biri i sherifit të Mekës. Duke vepruar në këtë mënyrë Britania e Madhe vodhi (kjo po), pothuajse 80% të Mandati të Palestinës që në atë periudhë ishte e hebrejve.

Dhe akuzojnë Izraelin ta ketë marrë gratis shtetin?

Siç do shohim më vonë, për këtë vendim të papeshuar, OKB, u detyrua të ndante pastaj vetëm 20% të territorit që ngeli në 2 shtete. Të mos harrojmë se kur jordanët pushtuan bregdetin perëndimor në 1950 në duart e arabëve përfundoi 80% e territorit të mandatit, kurse në duart e izraelianëve ngeli vetëm 17.5% e territorit.

Le të analizojmë tani hap pas hapi,kronologjinë e ngjarjeve duke u nisur nga e famshmja "Deklarata e Balfurit", me të cilën Artur James Balfour, sekretar i shtetit për punët e jashtme, në emër të qeverisë në 2 nëntor 1917 përpiloi deklaratën e famshme drejtuar Lord Rpthschild dhe federatës sioniste *"simpatizant me shpresat sioniste hebraike"* duke u angazhuar *"për krijimin në Palestinë të një vatre kombëtare për popullin hebraik"*, pa vënë në dyshim të drejtat e të gjithë popujve që jetojnë atje. Sipas Komisionit Peel, i emëruar nga Qeveria britanike *"nënkuptohej nga Deklarata Balfour se toka ku do vendoseshin hebrejtë ishte e gjithë Palestina historike, përfshirë dhe Transjordaninë".*

Kjo u ndoq nga "Mandati për Palestinën" i miratuar nga Lidhja e Kombeve që autorizonte të drejtën ligjore të hebrejve të vendoseshin në një zonë prej 10.000 km katrorë midis lumit Jordan e detit Mesdhe i Palestinës perëndimore. U miratua në 24 prill 1920 në Konferencën e Sanremos, pastaj,në mënyrë më specifike në Traktatin e Sevrës e më në fund u pranua me unanimitet në 24 korrik 1922 nga Këshilli i Lidhjes së Kombeve nga më shumë se 50 shtete. Aty vihej theksi *"në lidhjen historike midis popullit hebre dhe Palestinës"* e *"ndërtimit në atë vend të vatrës së tyre kombëtare"*, u bëhej thirrje të gjithëve të lehtësonin emigracionin e zonat e banuara nga hebrejtë. Edhe këtu fjala arabë nuk përmendet asnjëherë. Ky mandat nuk duhet të ngatërrohet me atë britanik me të cilin përgjegjësia e administrimit të zonës së caktuar nga "Mandati për Palestinën" ju dha Britanisë së Madhe.

Më vonë, në 18 prill 1946, Lidhja e Kombeve u zëvendësua nga Shoqata e Kombeve të Bashkuara e Britania e Madhe vendosi t'ja kalonte përgjegjësinë e saj Kombeve të Bashkuara, në 14 maj 1948. Në majin e '47 ishte krijuar *l'Unscop, Komiteti special i Kombeve të Bashkuara për Palestinën* i përbërë nga 11 anëtarë, detyra e të cilit ishte të garantonte neutralitetin në zgjedhje e në gjykime. Kanadaja, Çekosllovakia, Guatemala, Holanda, Peruja, Suedia e Uruguai ishin në favor të zgjedhjes që pastaj u bë nga komiteti i Asamblesë së Përgjithshme. Kurse 3 shtete, India, Irani e Jugosllavia kërkonin një shtet të vetëm, të ndarë në provincën hebraike e në atë palestineze; Australia qëndroi asnjanëse. Në 29 nëntor 1947 Asambleja e Përgjithshme e Kombeve të Bashkuara, me rezolutën 181,vendosi me shumicë votash (33 me 13, 10 asnjanës). Peshë të madhe patën votat e sovjetikëve e të shteteve satelitë të tyre. Kush vazhdon të flasi për përkrahjen e Britanisë së Madhe, nuk duhet të harroi se kjo e fundit ngeli asnjanëse!

Zgjidhja ishte e njohur: plani i ndarjes u vendos në mënyrë të pamenduar mirë pasi dhe në qytetet hebraike ndodheshin shumë arabë të ardhur, siç kemi thënë, pasi kushtet e jetesës ishin më të mira. Hebrejve u ngeli toka në pjesën veriore të vendit, Galilea e shkretëtira e Negevit në jug. Arabëve u ngelej e gjithë pjesa tjetër, d.m.th zona bregdetare nga Rafah në Gazë, Galilea veriore e një pjesë e madhe e zonave të brendshme midis të cilave qytetet e Nablusit,Hebronit e Beershevës. U vendos që Jeruzalemi të administrohej si zonë internazionale,si rezultat dhe i presionit të Vatikanit. Kjo gjë ishte e dëmshme për 100.000 hebrejtë që aty ndodheshin pasi ishin të rrethuar në mënyrë të rrezikshme nga Shteti arab.

Nëse do vlerësojmë efektet e Rezolutës 181 do zbulojmë se Shteti hebre kishte një popullsi prej 500.000 hebrejsh e pothuajse aq arabë; shteti arab kishte një shumicë të rëndësishme prej 750.000 arabë e vetëm 10.000 hebrej. Si rrjedhim shumica e popullsisë së Palestinës ishte arabe. Kësaj i shtohet fakti që *Libri i Bardhë* ndalonte emigracionin e hebrejve.

Një nga gjepurat më të përdorura është ajo sipas së cilës hebrejtë morën tokat më pjellore; për ata që nuk janë të përgatitur në gjeografi e gjeologji kujtojmë se 60% e territorit hebre përfshihet nga shkretëtira e Negevit. Nëse shohim sot hartën e Israelit vëmë re se është një pullë poste në krahasim me shtetet e tjera arabe. Vetëm 2% e Lindjes së Mesme i përket dhe gjysma është shkretëtirë, d.m.th 60% i 22%, pra 13% e tokës që i ishte premtuar në 1917 me Deklaratën Balfour, detyrim i rimarrë përsipër nga Lidhja e Kombeve në Sanremo që pak nga pak u bë operativ në shtator 1923. Pak për të konsideruar Izraelin si "imperialist", nuk ju duket?

Davidi izraelian kundër Golias arab

Personazhet e zakonshëm që rrëfejnë përralla, ka vite që thonë se urrejtja kundër izraelianëve lindi si rrjedhim i ndarjes së vendosur nga OKB e i "vjedhjes" së tokave arabe. Le të zbulojmë se si qëndron e vërteta. Midis 1770 e 1786,pra më shumë se dy shekuj para ndarjes, hebrejtë u përzunë nga Gedda në Arabinë Saudite e gjetën strehim në Jemen; në 1790 në Tetuan, në veri të Marokut pësuan një pogrom të tmerrshëm; të tjerë ndodhën në 1828 në Baghdad, në 1834 në Safed,në 1839 në Meshed (Iran) e në 1840 në Damask. Sidomos në vitet 30, midis 1929 e 1935 ndodhën masakrat e Nabi Moussa, të Hebronit, të vendosura e të dëshiruara nga Muftiu i madh i Jeruzalemit. Vëllezërit musulmanë u deklaruan luftë hebrejve me qëllim nënshtrimin e kthimin e tyre në *dhimmi*. Kjo tregon se persekutimi i hebrejve ka filluar shumë më parë se ndarja e territorit nga ana e OKB-së.

E vërteta është që pas kësaj rezolute,trupa egjiptiane,siriane, irakene, jordane, libaneze, së bashku me vullnetarë libianë, yemenitë e sauditë - përsëritën faktin e 14 majit 1948 - duke i deklaruar luftë në mënyrë të njëanshme, pra nëse sot nuk ka shtet palestinez faji është i kujt refuzoi ndarjen e rrëmbeu armët. Jamal Husseini kishte kërcënuar kështu në OKB që në 16 prill 1948:

"Përfaqësuesit e Agjencisë hebraike na thanë dje se ata nuk janë pushtues e se luftimet i kanë filluar arabët. Ne nuk e mohojmë. I kishim thënë botës së tërë se ishim gati për të luftuar".

Azzam Pasha, sekretar i përgjithshëm i Lidhjes Arabe do kërcënonte më tej: *"Kjo do jetë një luftë zhdukjeje e një masakër kolosale për të cilën do të flitet ashtu si u fol për masakrat e mongolëve e për kryqëzatat".*

Delegati sovjetik Andrej Gromiko në Këshillin e Sigurimit në 29 maj 1948 do të protestonte me indinjim: "*Kjo nuk është hera e parë që shtetet arabe organizojnë pushtimin e Palestinës duke injoruar vendimin e Këshillit të Sigurimit ose të Asamblesë së Përgjithshme*".

Kur sulmi filloi Izraeli ishte si Davidi kundër Golisë; në Jeruzalem kishte vetëm një top i montuar mbi rrota, mitraloz të vjetër, granata e shishe molotov, ndërsa arabët kishin tanke e artilieri; avioni i parë I luftës mbërriti në Izrael dy javë pas fillimit të luftës. Kishin vetëm disa aitoblinda artizanale që nuk ishin gjë tjetër, por mjete civilë të paisur me blindaturë të improvizuar e me armatim të rrallë. Aviacioni numëronte vetëm 9 aeroplanë të vjetër, bile dhe rezervat e municioneve ishin krye të pakta. Në përgjithësi jishuvi nuk kishte një ushtri në kuptimin e plotë të fjalës. Vepronin, të ndara nga njëra-tjetra, Hagana (35.000 luftëtarë), Irgun (rreth 3.000), LHI (rreth 400), Palmach, Gadna e një e ashtuquajtur "*ushtri e shërimit*" e përbërë nga civilë, të moshuar e gra që kishin si detyrë të mbronin zonat e tyre dhe e kryenin detyrën duke u rënë tenxhereve me lugët e gjellën ose me hekura për të trembur arabët. Prandaj fitorja qe një mrekulli e vërtetë, me armatimet e me forcat aq të vogla, pa harruar, natyrisht territoret arabe 80 herë më të mëdhenj e 20 herë më të populluar sesa ato izraeliane. Forza qëndronte në faktin që në ndryshim nga hebrejtë, fshatarit të mesëm arab nuk I interesonte aspak e ashtuquajtura "pavarësi" e kombit pasi atyre u interesonte më shumë familja si celulë; pa harruar, natyrisht, rivalitetet ekzistuese midis fshatrave, fisrave e krahinave (shembulli më i mirë është ai midis husaynëve e nashashibëve).

Mos të harrojmë ata që u bënë me hebrejtë ose si spiunë ose si luftëtarë; ja pse pati kaq pak vullnetarë arabë (rreth 5.000).

Në Hotelin e Trëndafilave në Rodi, traktatet e paqes u nënshkruan në 20 korrik 1949 e u vendos një status mos luftimi, por pa vendosur,në të kundërt të asaj që mendohet,asnjë kufi ligjor internazional, bëhet fjalë për atë që do të quhet *Green Line* (vija jeshile). U krijua gjithashtu katër komisione paqësore të përbashkëta (MAC) të kontrolluara nga OKB. Izraeli nënshkroi armëpushime me Egjiptin në 24 shkurt 1949, me Libanin në 23 mars, në 3 prill me Transgiordaninë e në 20 korrik me Sirinë). Në territorin e Gazës u fut Egjipti e në Çisjordani hyri Transgiordania. Në mënyrë abuzive.

Për faj të arabëve- që deklaruan luftë- Izraeli fitoi 78% të territorit të Palestinës, d.m.th 50% më shumë të territorit të parashikuar nga OKB-ja në planin e ndarjes.

• • • •

1956: Arabët ritentojnë

Të pakënaqur me humbjen e parë- e kërkuar dhe e gjetur me luftën agresive kundër Izraelit- në 1956 arabët ju kthyen sulmit. Ndërkohë BRSS kishte ndryshuar qëndrim pasi në 1953 kishte shpërthyer i ashtuquajturi "komplot i mjekët" – pothuajse të gjithë hebrej - të akuzuar për tentativë vrasjeje kundër Stalinit; një shkak mëse qesharak për të gjetur preteksin për të përkrahur vendet arabe si Siria e Egjipti kundër Izraelit.

Në fillim egjiptianët "shfrytëzuan" refuzimin e bankës amerikane *World Bank* për kredinë e nevojshme për ndërtimin e digës së Assuanit; si rrjedhojë në korrikun e 1956 Naseri deklaroi se Shoqëria internazionale e kanalit të Suezit shtetëzohej për të financuar digën e Assuanit.

Në 9 gusht 1949 KomisioniI paqes pasi shqyrtoi ankimin izraelian deklaroi ilegal bllokimin e kanalit; në 1 shtator 1951 Këshilli i Sigurimit i OKB-së urdhëroi Egjiptin të hapte kanalin për anijet izraeliane, por pa rezultat. Për të kuptuar kush ishte fajtori le të shikojmë se çfarë deklaronte Ministri i Punëve të Jashtme egjiptiane, Muhammad Salah al-Din:

"Populli arab nuk trembet kur deklaron: Nuk do jemi të kënaqur deri sa nuk do të fshijmë Izraelin nga harta e Lindjes së Mesme".

Për këtë qëllim, në 1955,Presidenti i Egjiptit Gamal Abdel Nasser mori nga sovjetikët armët që i duheshin për sulmin. Në 31 gusht 1955 deklaronte: *"...Nuk do ketë paqe në kufirin izraelian... hakmarrja është vdekja e Izraelit".*

Filloi atëherë terrorizmit arab me të ashtuquajturit *fedayi*n që në kufirin me Izraelin organizojnë sabotime e vrasje duke shkelur në këtë mënyrë Traktatin e armëpushimit. Pas bllokimit të kanalit u bllokua ngushtica e Tiranit, në gjirin e Aqabës e ashtu si ishte deklaruar në korrik të 1956, kanali i Suezit u shtetëzua. Në 14 tetor 1956 Nasser tregoi dhe një herë tjetër kush dëshironte luftën: *"Urrejtja jonë është shumë e madhe. Nuk ka kuptim të flitet për paqe me Izraelin. Nuk ka kuptim të flitet për paqe".*

Duke mbajtur fjalën,në 25 tetor Egjipti ra dakord me Sirinë e Jordaninë e Nasserit iu ngarkua detyra e përgatitjes së sulmit të përbashkët.

Ç'duhet të bëjë një shtet që provokohet kaq shpesh?

Do mbrohej ashtu siç bëri Izraeli i ndihmuar nga Britania e Madhe e nga Franca, në 29 tetor 1956. Si në një film,gjë që do shikohet dhe herë të tjera, kush dëshiroi luftën me provokime e kërcënime për vite me radhë,humbi territore të tjera, Gazën, një pjesë të Sinait e Sharm-el- Sheikun.

Mos vallë për faj të Izraelit?

• • • •

Gjashtë ditë të një agresioni te ri

Të paktën Lufta e 6 ditëve u desh nga Izraeli? No, ishin akoma arabët që shkaktuan fillimin e luftës, ndoshta të shtyrë nga sovjetikët. Dy ditë më parë,siç tregonte Moshe Dajani, në atë periudhë i sapoemëruar ministër i mbrojtjes, një oficer i shërbimit sekret sovjetik në Kairo kishte dhënë alarmin se gjoja Izraeli po grumbullonte forza të mëdha të blinduara në kufirin verior me qëllim sulmimin e Sirisë. Sipas burime të tjera në 13 maj vetë presidenti i ri sovjetik Nikollaj Podgornij njoftoi Anwar Sadatin, aiutant i Nasserit që ndodhej për një vizitë në Moskë. Duket sikur ka thënë se bëhej fjalë për një grumbullim *"prej 11-13 brigadash"* e se IDF do të sulmonte Sirinë *"në 17 maj"*. Për këtë qëllim, në të njëjtën ditë, ministri i mbrojtjes siriane Hafiz al-Asud i alarmuar i kërkoi ndihmë homologut të tij egjiptian Abdel Hakim; shefi i shtabit të përgjithshëm egjiptiane Muhammad Fawzi, fluturoi drejt Damaskut. Më vonë do tregonte:

"Nuk gjeta as një të dhënë që konfermonte informacionet që na ishin dhënë. Në të kundërt, fotografitë ajrore të bëra nga sirianët nuk tregonin asnjë lëvizje të reparteve izraeliane".

Sipas kujtimeve të Fawzit, Amiri nuk u përgjigj kur Fawzi në 15 maj i tha se nuk kishin motiv për t'u shqetësuar.

"Prandaj u binda se sipas tij zërat për lëvizjen e trupave nuk ishin motivi kryesor për mobilizimin e trupave e trasferimin e reparteve që kërkonin me kaq urgjencë".

Siç pranoi gjenerali Abd al-Ghani al-Jamasi, oficer i Shtabit madhor egjiptian, ishte Amiri,pa dyshim I shtyrë nga Nasser që dëshironte të merrte hak për 1056-tën. Për të treguar qëndrimin korrekt të Izraelit, në mes të majit 1967, Eshkol i kërkoi ambasadorit sovjetik në Tel Aviv, Dimitri Chunaknin, të verifikonte vetë faktet jo të vërteta,por Chubakhin kundërshtoi e duke ju drejtuar Sneh deklaroi: *"Kush vallë do vejë të luftoi? Kafexhinjtën e kafeve ekspres apo rrugaçët e rrugës Dizenkof"* (rruga kryesore me dyqane e Tel Avivit). Në 14 maj Sekretari i Përgjithshëm i OKB, birmani U Thant,informoi Këshillin e Sigurimit se vëzhguesit e zonës nuk kishin konfirmuar asnjë lëvizje trupash. Të nesërmen Gjenerali norvegjez Odd Bull, i ngarkuar me detyrën e sigurimit të paqes deklaroi të njëjtat gjëra.

Në 16 maj 1967 Radio Kajro provokoi akoma: "Ekzistenca e Izraelit i ka mbushur ditët. Erdhi ora e betejës me të cilën do shkatërrojmë Izraelin". Trupave të OKB në Gaza e *Sharm el-Sheikh* ju kërkua të tërhiqeshin. Në 19 maj- për fat të keq- ato u tërhoqën e Radio Kairo deklaroi: *"Ky është rasti jonë arabë për ti dhënë Izraelit goditjen vendimtare të shkatërrimit".*

Në 23 maj - si përsëritje e serive të para- Presidenti egjiptian Gamal Abdel Nasser bllokoi ngushticën e Tiros për anijet izraeliane me qëllim goditjen e tregtisë së Izraelit me Azinë e Afrikën e Lindjes; natyrisht Izraeli nënvizoi se sipas ligjit, ky ishte akt lufte. Në 27 maj Nasseri deklaroi dhe një herë tjetër objektivat e tij: *"objektivi ynë kryesor është shkatërrimi i Izraelit".* Në 30 maj në shërbim të Mbretit Hussein të Jordanisë, u vunë trupa egjiptiane, irakene e saudite. Në 1 qershor lideri i Irakut tha se objektivi ishte *"zhdukja e Izraelit nga harta"*. Ministria e Punëve të Jashtme izraeliane nëpërmjet përfaqësuesit të saj në OKB për mbajtjen e paqes, i dërgoi një mesazh mbretit Hussein duke i kërkuar të mos hynte në luftë e di garanci jepte mos sulmimin; për fat të keq, siç dimë, zgjodhi një rrugë tjetër; vite më vonë ai vetë do pranonte se ishte një nga gabimet e tij më të mëdha.

Në 5 qershor Izraeli i rrethuar e i kërcënuar e akoma dhe një herë tjetër me armë e forza më të vogla, vendosi të sulmonte për të evituar e filloi i ashtuquajturi *Operacion Fokus*, d.m.th një sulm ajror i papritur në shkallë të gjerë. Si mbaroi? Më keq se në 1956: Siria humbi malësitë e Golanit, Egjipti Gazën dhe gadishullin e Sinait deri në Suez, Jordania të gjithë Cizjordaninë (e ashtuquajtura *West Bank*).

E gjithë kjo nuk do të kishte ndodhur nëse nuk do të kishte qenë lufta "imperialiste" arabe.

Knesseti, Parlamenti izraelian, vendosi zmadhimin e shtetit mbi Jeruzalemin lindor e mbi Murin Perëndimor, Koteli. Izraeli, duke treguar dëshirë të mirë, deshi të verifikonte se mbase duke dhënë disa territore, do të mund të arrinte në një farë paqe; prandaj në vend të merrte Cizjordaninë krijoi një administratë ushtarake. Në 1972 u organizuan zgjedhjet ,në të cilat për herë të parë, votuan gratë e ata pa pronë. Arabëve të Jeruzalemit lindor ju dha mundësia të mbanin nënshtetësinë jordaneze ose të kërkonin atë izraeliane; vendet e shenjta musulmane ju dhanë nën kontroll Këshillit Musulman.

Nga ana tjetër të mundurit në gusht të 1967 në Khartoum nuk bënë gjë tjetër veçse të përsërisnin të famshmet "3 jo" : jo paqe me Izraelin, jo bisedime me Izraelin, jo njohje e Izraelit e kërkimi i të ashtuquajturave të drejta të shtetit palestinez. Nëse ishin të kënaqur ata dhe të tjerët ishin të kënaqur. Izraeli, për fat të tij, në 6 ditë, kishte katërfishuar territorin e tij. Ndoshta do të kishte qenë më mirë nëse arabët nuk do kishin dashur, provokuar e humbur luftën.

• • • •

Inati i humbjes (tjetër)

Megjithë humbjet e vazhdueshme egjiptianët vazhduan me provokime edhe pas 1967 (deri në 1970), me metoda më hileqare edhe pse OKB kërkonte të gjente zgjidhje diplomatike midis palëve. Për Presidentin Nasser ishte e qartë se " *c'farë është marrë me forzë duhet rimarrë vetëm me forzë*".

Akoma dhe një herë tjetër, edhe pse BRSS ndihmonte shumë, Egjipti nuk arriti të fitonte gjë edhe pse kishte ideuar të ashtuquajturën luftë fërkimi, pra bombardime të herëpashershme të pozicioneve të IDF e sulme me komando përtej kanalit.

Në 1970 kufijtë ishin atje ku ishin dhe më parë.

Luftë edhe gjatë festave

Vallë do mendoni se kjo u mjaftoi për të ndërruar mendim? Jo aspak! Egjipti e Siria (të ndihmuar të paktën nga nëntë shtete të tjera arabe, d.m.th Algjeria, Sudani, Maroku, Jordania, Libani, Iraku, Arabia Saudite, Kuvajti e Libia) provuan përsëri e sulmuan ditën e 6 tetorit 1973, ditën e Jom Kippurit, festa më e shenjtë në kalendarin hebraik,me rastin e së cilës ndërpriten të gjitha aktivitetet e shtetit.

I detyruar në mbrojtje në dy ditët e para të luftimit, Izraeli gjeti forzë në rezervat e tij e më në fund fitoi dhe një herë tjetër.

Si gjithmonë sovjetikët mbështetën me armë frontin arab e u tërhoqën nga çdo përpjekje për zgjidhje diplomatike të luftës.

Këshilli i Sigurimit I OKB-së përgatiti Rezolutën 338 që siç do shohim urdhëronte të dy palët të ndalonin luftimet; kjo u botua ama, kur ushtria izraeliane kishte rrethuar Armatën e tretë egjiptiane që ishte gati të dorëzohej...

A është e vërtetë se ushtarët arabë u torturuan nga hebrejtë? Jo, nuk është. Eric Baker, përfaqësues i Amnesty International, pranonte *"Janë trajtuar mirë... mesa duket po kurohen shumë mirë"*. E kundërta është e vërtetë; ushtarët izraeliane të kapur robë nga trupat siriane e egjiptiane u torturuan,u vranë pa respektuar aspak Marrëveshjet e Gjenevës për sa u përket robërve.

Sipas dy raporteve të dërguara nga qeveria izraeliane, Kryqit të Kuq ndërkombëtare, (8 dhjetor 1973 e në 9 dhjetor 1973) ushtarët izraeliane kishin zbuluar shikë të tyre me duar e këmbë të lidhura, shpesh me sytë e nxjerrë,të djegur e me shenjat përdhunimi.

Në 27 tetor 1973 u arrit armëpushimi i të mëtejshme e të pavlerës luftë të shkaktuar nga armiqtë e Izraelit.

• • • •

Libani 1982. Masakra (jo) izraeliane

Një nga gënjeshtrat e kësaj periudhe është ajo e "masakrës izraeliane" në Liban. Në fillim duhet të tregojmë si u arrit aty: në marsin e 1978 terroristët e OKB-së, i ashtuquajturi *Operacion Litani* - u futën në Izrael e morën peng një autobus: 34 pengje vdiqën. Si raprezalje naturale forzat izraeliane u futën në Liban e përzunë terroristët nga zona jugore e vendit. Pasi mbaroi detyrën e saj Tsahali u tërhoq pas 2 muajsh në prill të 1982, duke zbatuar kështu Rezolutën 425/1978 të OKB-së. Kjo ishte ama një zgjedhje e gabuar, padi terroristët u rifutën në Liban e që atëherë terroristët e OLP-së krijuan një mal me probleme për banorët e Izraelit verior.

Qytetet izraeliane bombardoheshin pothuajsepa pushim meqë kishin pozicione antiaeree, me qindra tanke T-34, mortaja, katjusha e 17.000 forza nga të cilat 6.000 ishin mercenarë të ardhur nga Libia Iraku, India, Sri Lanka,Çiadi e Mozambiku. Siria ndihmonte OLP me raketa tokë-ajër.

Të mos harrojmë se situata në Liban edhe në nivelin politik ishte tepër e komplikuar për shkak të luftës civile që do të zgjaste deri në 1989. Nga një anë forzat falangjiste e ultrakonservatore të mbështetura nga kristianët maronitë që ishin në kontradiktat me luftëtarët palestinezë (edhe musulmanët shiitë,sunitë e druzët) që ndodheshin aty pasi ishin përzënë nga Jordania pas fakteve të shtatorit të zi.

Në 3 qershor 1982 ambasadori izraelian në Londër Shlomo Argov u plagos; përsëri, i provokuar Izraeli reagoi me të ashtuquajturin operazione (3 ditor) Paqe në Galile për të zmbrapsur fedajinët në veri të Litanit; më në fundTsahali rrethoi komplet Libanin nga jugu e deri në qendër. Në 14 qershor zona afër Bejrutit, ku ishte qendra e OLP u rrethua për 9 javë. Por për faj të forzave ushtarake ndërkombëtare 15 milizianë të OLP i shpëtuan rrethimit e u larguan në Tunizi e në Jemen.

Kur kristiani Bashir Gemayel, aleat i Izraelit, u vra para se të merrte realisht pushtetin, në 14 shtator, Izraeli filloi të përditshmes nga lagjet perëndimore të Beirutit palestinezë-sirianët.

Mbrijmë kështu te momenti kryesor; falangjistët-dhe jo izraelianët siç tregohet- hynë,për të kërkuar terroristët, në kampet e refugjiatëve të Sabrës w Chatilës (atje ku Tsahal kishte vetëm detyrën e mbikëqyrjes) e midis 16 e 18 shtatorit, vranë (dhe civilë) nga 450-3.500 veta. Ishte një akt i dënueshëm? Patjetër, por siç thamë nuk u krye nga Izraeli. Për një detyrim moral e duke kryer një gabim në komunikim, qeveria Begin tha dorëheqjen në shkurtin e 1983, kur mbaruan punimet e komisionit hetimor Kahan me qendër në Jeruzalem.

Në 17 maj 1983 Izraeli filloi tërheqjen nga jugu i vendit e la vetë një brez mbrojtjeje; në 1985 kjo zonë u zvogëlua akoma deri sa në 24 maj 2000, pas 22 vitesh, Izraeli tërhoqi tërësisht forcat. Gabim shumë i madh, pasi *Hezbollah*,përfitoi për të sulmuar fshatrat izrelianë në veri. Dhe një herë tjetër, vendimi i marrë ,me qëllim të mirë nga Izraeli, do i dali për keq.

Liban 2006: Ri(humbja)

Problemi i Libanit do të prezantohet herë të tjera e jo për faj të Izraelit. I ringjallur nga peshqeshet siriane e iraniane, *Hezbollah "partia e zotit"* e Jugut të Libanit me kalimin e kohës u forcua, sidomos kur Izraeli në zbatim të rezolutës n. 425 u tërhoq. Mblodhi me mijëra tonelata armësh në bunkerët e fortifikuar, u nxitën kalimet e kufirit me qëllim vrasje e sekuestrimet, që nga tetori i 2000 deri në 2006, e jo vetëm ushtarë izraelianë, por edhe civilë. Izraeli u përgjigj me sulme kundër objektivave ushtarake të *Hezbollah*. Ndërsa ky i fundit për të rritur sa më shumë provokimin filloi të përdorte dhe raketat e arriti me to zonën e Haifës.

I detyruar nga kjo situatë kryeministri Ehud Olmert vendosi të sulmonte në 22 korrik me të ashtuquajturin operacion *"ndërrim drejtimi"*. Në 14 gusht, pas 34 ditë lufte, u vendos armëpushimi I mbështetur nga OKB e i përmirësuar me aktet e 8 shtatorit 2006. Rezoluta e OKB-së e 11 gushtit 2006, nr 1701,I kërkonte shtetit libanez të sig034uronte kufijtë e tij e të bllokonte kalimin prej andej të armëve. Për këtë qëllim në maj 2007 sekretari i përgjithshëm I OKB-së Ban Ki-moon aprovoi LIBAT që kishte si detyre kontrollin e zbatimit të rezolutës. Komisioni do verifikonte se si shtet Libani kalohej pa problem nga terroristë e armë të çdo lloi edhe për shkak të korrupsionit të forzave kufitare siriano-libanese. Pra Izraeli ishte gjithmonë nën kërcënimin e të tjerëve e nën një numër të madh armësh sidomos raketa që mund të arrinin deri në Tel Aviv e në jug të Izraelit.

Kush mund të guxoi tani të akuzoi Izraelin për mos zbatimin e rezultateve të OKB-së?!?

Kapitulli 2 – Refugjatët palestineze për shkak të arabëve

Provat e rëndësishme mbi "emigrimin" e refugjatëve

Ky argument është nga ata që trajtohen nëpër klube, trena, biliardo è thelbi është që problemi i të famshmëve refugjatë palestinezë është për shkak të Izraelit; për çudi asnjë nuk flet për ata hebrej, por ama ekzistojnë dhe ata...

Pas ndarjes nga OKB-ja në 1947 patën 700.000 refugjatë hebrej (sipas disa të tjerëve ishin pothuajse 900.000); nga Maroku ikën 265.000 (sot janë 2150), nga Tunisia 105.000 (sot janë 1.050), nga Yemeni e nga Aden 63.000 (sot janë më pak se 50). Të mos harrojmë se në 1948 në Libi ishin 38.000 hebrej, sot s'ka mbetur asnjë, në Irak 135.000, sot vetëm 1, në Algjeri 140.000, sot rreth 50, në Egjipt 75.000, sot rreth 100, në Liban ishin 5.000, sot më pak se 100, në Siri ishin 30.000,sot janë 100.

Pra nga 851.000 hebrej sot në vendet arabe kanë ngelur vetëm 3.300.

E vetmja rrugë për refugjatët hebrej ishte mrekullia që organizoi Izraeli deri në fund të viteve pesëdhjetë, programi Ma'abarot, ose "kampet e tranzitit", 125 struktura për pritjen të bëra me tënda.

Nga 1955 u gjet sistemim e integrim për të gjithë ose në qytetet ekzistuese ose në ato të reja të sapo krijuara. Kampe si ato të Kiryat Shmona,Sderot,Beit She'an ,Yokneam, Or Yehuda, Nahariya e Migdal HaEmek u kthyen në zona të vërteta urbane. Si përfundim midis 1948 e 1972 nga 820.000 refugjatëhebrej 586.000 gjetën strehim në Izrael. Arabët jo vetëm nuk i ndihmuan por dhe sekuestruan pasuritë e tyre. Sa ishte refugjatët arabë? Numri i pranuar është rreth 700.000 (për izraelianët janë rreth 500.000, ndërsa për palestinezët 1 milionë).

U vendosën sidomos në Çisjordani e në zonën e Gazës, por edhe në Transgiordani, Siri, Liban; disa të tjerë në Egjipt, në Irak e në disa shtete të tjera arabe.

Gënjeshtra më kolosale është ajo që i ngarkon përgjegjësinë për këtë emigrim Izraelit. Le ta analizojmë atëherë. Në fund të janarit 1948 komiteti i lartë kombëtar arabo-palestinezë (AHC) d.m th "qeveria" efektive e arabëve palestinezë, urdhëroi vendet fqinjë jo vetëm të mos pranonte refugjatët, por të mbyllin bile kufijtë.

Komiteti kombëtar arab në Jeruzalem urdhëroi që gratë, fëmijët e pleqtë të linin shtëpitë e tyre: "*çdo kundërshtim i këtij urdhëri është pengim i luftës së shenjtë e do pengoi operacionet e luftëtarëve në këto zona*". Një nga kapot e komitetit të lartë të Haifës, Hajj Nimer el- Khatib, denoncoi dhe ushtarët arabë në Xhafa: "*vidhnin njerëzit e shtëpitë. Jeta vlente pak e nderi i grave shkelej me këmbë. Kjo detyroi shumë rezidentë arabë të linin qytetin nën mbrojtjen e tankeve britanike*".

Konsulli i përgjithshëm i SHBA-së në Haifa, Aubrey Lippincott, në 22 prill 1948 shkruante: "*Shefat arabë lokalë të dominuar nga myftitë, urdhëronin arabët të linin qytetet e shumë prej tyre iu bindën*". Gazeta Economist që shpesh kishte pozicione antisioniste në 2 tetor 1948 pohonte: "*Prej 62.000 arabëve që jetonin dikur në Haifa nuk kanë ngelur as 5.000-6.0000... shkaku ishte thirrja radiofonike e Komitetit të Lartë Arab që i urdhëroi të iknin... U bë e qartë se nëse do ngeleshin arabë në Haifa e nëse këta do të pranonin mbrojtje nga ana e hebrejve, këta do të konsideroheshin armiq*". Gazeta e Kairos *Akhbar el-yom*, në 12 tetor 1963 bëri një histori të ngjarjeve të asaj periudhe: "*Erdhi 15 maji 1948... atë ditë Muftiu i Jeruzalemit ju bëri thirrje arabëve të Palestinës të abandononin vendi pasi ushtritë arabe do hynin në vend të tyre...".*

Në kujtimet e tij Haled al Azm, kryeministër sirian nga 1948- 1949 ,fajin jua hidhte arabëve: "*Ne i detyruam të largoheshin*". Emil Ghoury, sekretar i komisionit të Lartë Arab në një intervistë në Beirut Telegraph në 6 shtator 1948 pranonte: "*Fakti që ka refugjatë është rezultat i qëndrimit të shteteve arabe kundër ndarjes së territorit e krijimit të shtetit izraelian. Shtetet arabe ishin dakort unanimisht për një qëndrim të tillë e tani duhet të marrin pjesë në zgjidhjen e këtij problemi*". Nëse ka akoma dyshime, në 19 shkurt 1949,gazeta jordane Falastin denonconte: "*Shtetet arabe që inkurajuan arabët e Palestinës të linin përkohësisht shtëpitë e tyre për të qenë larg zjarrit të sulmit arab, nuk e mbajtën fjalën për të ndihmuar këta refugjatë*". Shton një të dhënë tjetër një raport i zbulimit anglez: "*Mbas marrjes së kontrollit nga hebrejtë nëpër qytete, shumë nuk do kishin marrë parasysh shpërnguljen nëse nuk do të kishin qenë zërat e përhapura nga propaganda e nga anëtarët e Komitetit Kombëtar që kishin ngelur në qytet... një propagande efikase që me kërcënimin e hakmarrjes kur arabët do të merrnin pushtetin, kush do vendoste të rrinte në Haifa pranonte në mënyrë të heshtur se besonte në ekzistencën e shtetit hebre*".

Tek Ash- Sha'ab, Xhafa, i 30 janarit 1948, lexojmë: "*Grupi i parë i kolonës sonë të pestë është i formuar nga ata që abandonojnë shtëpitë...nën sinjalin e parë të alarmit ata marrin arratinë e vrapojnë për të ndarë frontin e luftës*". Një gazetë e Xhafës, As-Sarih në 30 mars 1948 theksonte: "*E hodhën turpin mbi të gjithë ne... abandonojnë fshatrat e tyre*". Time Magazin i 3 majit 1948 theksonte: "*Evakuimi në masë i shkaktuar nga një anë nga frika, nga ana tjetër nga urdhrat e liderëve arabë, e bëri lagjen arabe të Haifës një vend fantazmë... duke hequr punëtorët arabë lTderët e tyre shpresonin të paralizonin Haifën".*

E shtoi dozën Radio Near East i Qipros në 3 prill 1948: *"Nuk duhet harruar se komanda e lartë arabe ka inkurajuar arabët të ikin nga shtëpitë e tyre nga Xhafa,aifa e Jeruzalemi e që disa lider arabë janë përpjekur të nxjerrin avantazh politik nga varfëria e nga gjendja e rëndë e refugjateve".*

Jo më pak sër John Troutbeck i zyrës britanike për Lindjen e Mesme në Kairo njoftonte eprorët e tij se refugjatët (në Gaza) nuk tregonin asnjë urrejtje kundër hebrejve, e kundërta urrenin egjiptianët: *"Ata thonë: "ne e dimë kush janë armiqtë tanë (e kanë fjalën për egjiptianët)" e deklarojnë se vëllezërit arabë u mbushën mendjen të linin pa asnjë motiv shtëpitë e tyre... Kam dëgjuar se shumë prej refugjateve do tu kishin uruar mirëseardhjen hebrejve nëse këta do të kishin marrë zonën...".*

Por nuk mbaron këtu, Al Hoda, gazetë libaneze në 8 qershor 1951 shkruante: *"Këshilli vëllazërore që ju dha arabëve të Palestinës ishteai që të linin tokat,shtëpitë e pronësisë për të jetuar përkohësisht në kufijtë e shteteve vëllezër duke ju lënë vendin ushtrive arabe".* Javorja islamike e Beirutit Kul-Shay u tregua akoma më e ashpër: *"Kush i solli palestinezët në Liban si refugjatë që tani vuajnë për shkak të qëndrimit të gabuar të gazetave e të liderëve lokal të pa nderë e të pa ndërgjegjshëm? Kush i solli drejt një gjendjeje të rëndë e pa një cantimë pasi u humbën nderin? Ishin shtetet arabe...".*

Të mos harrojmë se kishte qenë kryeministri iraken Nuri Said që ishte shprehur publikisht: *"Ne do shkatërrojmë vendin me armët tona e do zhdukim çdo vend ku hebrejtë do të përpiqen të gjejnë strehë. Arabët duhet ti çojnë gratë e fëmijët në zona të sigurta deri sa të mbarojnë luftimet".*

Prova të tjera i gjejmë te Al Urdun, gazeta jordane në 9 prill 1953: "*Eksodi arab....nuk u shkaktua nga lufta aktuale, por nga përhapja e ekzagjeruar e lajmeve arabe të dhëna nga liderët arabë, për ti frymëzuar në luftë me hebrejtë... ata mbollën frikën e terrorin në zemrat e arabëve të Palestinës deri sa këta abandonuan shtëpitë e pasuritë e tyre në duart e armiqve*".

Eduardo Atiyah,sekretar i zyrës së lidhjes arabe në Londër në librin Arabët përmblodhi: "*Eksodi në masë ndodhi, nga një anë nga bindja e arabëve të inkurajuar nga propaganda e një shtypi jo realist e nga deklaratat e papërgjegjshme të disa krerëve arabë, sipas së cilave do duheshin vetëm pak javë për të fituar kundër hebrejve e arabët palestinezë do të ktheheshin e do merrnin në duar vendin e tyre*". Gazeta *Newsweek* e 20 janarit 1963 theksoi dhe një herë tjetër: "*Hebrejtë argumentojnë që shtetet arabe inkurajuan palestinezët të iknin. Arabët që akoma jetojnë në Izrael kujtojnë se u ishte thënë nga komandantët arabë të evakuonin nga Haifa pasi do e bombardonin*". Akhbar el Yom, gazetë e Kairos e 12 tetorit 1963 specifikonte: "*Në 15 maj 1948 Muftiu i Jeruzalemit u bëri thirrje arabëve të Palestinës të linin vendin pasi ushtritë arabe ishin gati duke hyrë e të venin e të luftonin*".

Në analizën e dështimit arab në 1948 Khaled al-Azm, kryeministër i Sirisë pas luftës së 1948, në monografinë e tij e botuar në 1973,vinte në dukje: "*... Që nga 1948,ishim ne që kërkuam kthimin e refugjateve, por ishim ne që i larguam,ama. Ne shkatërruam fatin e 1.000.000 refugjateve arabë duke i ftuar e duke u bërë presion për të ikur. Ne I mësuam të luten...ne e ulëm nivelin e tyre moral e social... E prapë ne i shfrytëzuam për të kryer krime e vrasje,djegie e hedhje gurësh mbi burra, gra e fëmijë... e gjithë kjo vetëm për motive politike...*".

Bile dhe Mahmoud Abbas – tamam ai - shkroi një artikull në mars 1975 për Falastin al-Thawra, ditari zyrtar i OLP në Beirut: "*Ushtritë arabe hynë në Palestinë për të mbrojtur palestinezët nga tirania sioniste,por ama i abandonuan,i detyruan të emigronin e të linin tokën ku kishin lindur,vunë mbi ta një peshë të madhe politike e ideologjike e i hodhën në burgje të ngjashëm me getot ku jetonin hebrejtë në Evropën lindore*".

Ja seç pohonte në 1996, mbreti Hussein I Jordanisë: "*Që nga 1948,liderët arabë e trajtuan problemin arab në mënyrë të papërgjegjshme. Ata e kanë përdorur popullin palestinez për qëllime politike; kjo është qesharake, bile do të thosha dhe kriminale...*".

Atëherë është e vërtetë se hebrejtë i detyruan me forzë arabët që të iknin? Aspak! E tregojnë këtë disa fjali të marra nga Memorandumi i Komitetit Kombëtar arab të Haifës i drejtuar qeverive të lidhjes arabe në 1950: "*Autoritetet civile e ushtarake (izraeliane) shprehën dhimbjen e tyre për këtë vendim të rëndë (i marrë nga delegatët ushtarakë të Haifës e nga komanda Arabë-Palestinezë për të evakuuar Haifën megjithë ftesën izraeliane për një pushim zjarri)*". Kryetari hebre i bashkisë së Haifës iu drejtua me një thirrje delegacionit (të liderëve ushtarakë arabë), për të rigjykuar vendimin e tyre. Nga raporti i policisë britanike të zonës së Haifës i 26 prillit 1948 kuptohet: "*Çdo përpjekje u bë nga hebrejtë për të bindur popullin arab për të qëndruar e për të vazhduar normalisht jetën e tyre,për të mbajtur hapur dyqanet dhe aktivitetet të bindur se jetët e interesat e tyre do të ishin të garantuara*".

Provë është faktiqë David Ben-Gurion dërgoi Golda Meir në Haifa për ti bindur të rrinin, por ata kishin frikë ta bënin pasi nuk donin të quheshin pastaj tradhtarë. Me përjashtim të rreth 5.000-6.000 arabët ikën të gjithë nga Haifa. Pse atëherë profesionistët e "palestinizmit" ose "profugizmit" nuk flasin për këtë?

Historiani izraelian Benny Morris - që nuk është aspak I butë me Izraelin - në Guardian në 21 shkurt 2002 ka pranuar: *"Problemi i refugjateve ishte konsekuencë direkt e luftës që palestinezët e... vendet fqinjë arabe – kishin nisur"*.

Po ku shkuan? Prej rreth 700.000 refugjateve rreth 350.000 shkuan në Jordani, 200.000 në Gaza, 100.000 në Liban e rreth 60.000 në Siri. Pothuaj gjysma e tyre kishte gjetur sistemim në qytete e në fshatra, të tjerët në posaqinë e kampeve. Në Tiberiade e Haifa *Haganah* urdhëroi që pasuritë e arabëve të mos prekeshin. Kush nuk e respektonte do kishte pasoja.

Më vonë u krijua një administrator i pasurive të abandonuara *"për të parandaluar zënien me forcë të shtëpive bosh të qendrave tregtare, për të administruar pasuritë pa pronar, për të garantuar punimin e tokave e për të shpëtuar prodhimet"*.

Gjithashtu - pothuajse menjëherë, Izraeli lejoi refugjatët që e dëshironin, të ktheheshin e të zhbllokonin llogaritë në bankat izraeliane e të merrnin dëmshpërblim për tokat e abandonuara; njoftoi gjithashtu se ishte gati të rikthente 100.000 refugjatë, duke përfshirë ata që ishin kthyer e që po ktheheshin, nëse shtetet arabe do pranonin të tjerët e nëse do të nënshkronin traktate paqeje.

Në këmbim të kësaj Izraeli ishte gati të merrte administrimin e Gazës së bashkume 60.000 banorët e saj plus 200.000 refugjatë. Natyrisht arabët refuzuan çfarëdo lloj kompromesi, Izraeli nga ana e tij zhbllokoi llogaritë bankare të refugjateve, rreth 10.000.000 milionë dollarë, duke dëshmuar kështu vullnetin e tij të mirë; pagoi dëmshpërblimet me para ose në natyrë me hektarë toke. Të mos harrojmë se megjithë kërcënimet e urdhrat arabe rreth 160.000 arabë vendosën të jetonin në Izrael e askush nuk i preku. Kombet e Bashkuara zbatuan rezolutën 194 të 11 dhjetorit 1948 në të cilën u kërkohej të dy palëve të zgjidhnin së bashku të gjitha problemet e krijuara, ose me ndihmën e Komisionit të Paqësimit të Palestines I krijuar posaçërisht për këtë qëllim; të mos harrojmë se rezolutat e Asamblesë së Përgjithshme nuk janë ligjërisht të detyrueshme për askënd. Por çfarë thotë neni 11?:

"... Refugjatëve që dëshirojnë të kthehen në shtëpitë e tyre e të jetojnë në paqe me fqinjët e tyre ju duhet lejuar ta realizojnë, sapo të jetë e mundur e duhet paguar një dëmshpërblim për pasuritë e atyre që vendosin të mos kthehen e për humbjen ose dëmin e pasurisë që sipas konceptit të të drejtës internazionale e të barazisë duhen paguar nga qeveritë ose organet kompetente".

Komisioni i paqësimit kishte detyrën të kontrollonte e të favorizonte të gjithë këtë. Është e qartë pra se Izraeli nuk kishte asnjë detyrim të rikthente refugjatët që nuk vinin me dëshirën e paqes, prandaj dhe në tekst përdoret kushtëzorja në vend të të tashmes; përsërisim pra se nuk ishte detyrim, por një ftesë (duhet). Interpretimi I arabëve e i lakejve të tyre (mediat, vip-ët e politikanët) që për fat të keq sot është pasuri e përbashkët është e gabuar.

Le të shohim se si u shpreh Presidenti egjiptian Hosni Mubarak: *"Kërkesa palestineze e "të drejtës për tu kthyer" është tërësisht jo realiste e do të mund të ishte zgjedhur me dëmshpërblime monetare e me risistemimin në vendet arabe".*

Për të krijuar një ide nëse çdo palestinez do të kthehej në Izrael, popullsia e tij do të kalonte 13.000.000 milionët me një shumicë palestineze (75% me 46%); ide absurde. Le të shtojmë se palestinezët kur flasin për kthim, e kanë fjalën për shtëpitë që kishin në 1948. Akoma më shumë qesharake.

Si provë e mëtejshmeja se çfarë pohonte Presidenti egjiptian Nasser në një intervistë të shtatorit 1961: *"Nëse refugjatët do të ktheheshin në Izrael, Izraeli nuk do të ekzistonte më".*

Ministri i Punëve të Jashtme egjiptiane, Muhammad Salah al-Din, tregoi se cilat ishin objektivat e vërteta:

"Është e qartë se arabët kërkojnë kthimin e refugjateve në Palestinë, pretendojnë që kthimi të jetë si zotërinjtë e vendit e jo si skllevër. Për të qenë më të qartë ata pretendojnë likuidimin e shtetit të Izraelit".

Ja pra objektivi i tyre i vërtetë.

Rreth 1/3 e palestinezëve të regjistruar sot si refugjatë jetojnë në kampe në Jordani, Liban, Siri, Çizjordani e Gaza; po 2/3 e tjerë? Jetojnë sidomos brenda ose në periferitë e qyteteve mikpritës, pa harruar West Bank e Gazën e rrethinat e kampeve zyrtare. Ndërsa Izraeli është përpjekur tu japi shtëpi refugjatëve palestinezë në Gazën e kontrolluar prej tyre, arabët kanë gjithmonë kundërshtuar padi për ata është vendimtare që të vazhdoi urrejtja kundër Izraelit nëpërmjet pakënaqësisë së refugjatëve. Sidomos është vendimtare që të vazhdoi rrjedhja e parave: palestinezët kanë marrë biliona dollarë me anë të ndihmave internazionale që nga 1993, por nuk dihet ku kanë përfunduar.

Ose më mirë e dimë e do e shikojmë....

••••

Racizmi arab kundër refugjatëve palestinezë.

Lind pyetja: *"Pse vendet arabe nuk i kanë pranuar refugjatët?".*

E thjeshtë; pasi, siç do shohim më pas, janë racistë kundrejt palestinezëve. Në 1950 OKB-ja deshi të çonte 150.000 refugjatë nga Gaza në Libi, por Egjipti kundërshtoi.

Nga 1948 deri në 1967 Egjipti kishte kontrollin e Gazës e Jordania kontrollonte West Bank; përse atëherë këto dy shtete nuk ua dhanë këtë tokë palestinezëve për tu garantuar në këtë mënyrë shtetin e tyre? Të mos harrojmë se është e njëjta tokë që arabët tani pretendojnë që tu kthehet nga Izraeli! Përse banorët e Çizjordanisë nuk kanë kërkuar asnjëherë shtetin e tyre kur ishin pjesë e Jordanisë e banorët e Gazës nuk kërkuan të njëjtën gjë kur ishin nën pushtimin egjiptian askush nuk e ka shpjeguar. Gjenerali Alexander Galloway, drejtor i UNRWA në Jordani në 1952 pohonte:

"Shtetet arabe nuk duan të zgjidhin problemin e refugjateve. Duan ti mbajnë si një plagë të hapur,si një sfidë kundrejt OKB e si një armë kundër Izraelit. Nuk u intereson aspak liderëve arabë nëse refugjatët jetojnë ose jo".

Dëgjoni se si lideri nacionalist palestinez Musa Alami kritikon hipokrizinë arabe:

"Është e turpshme që qeveritë arabe pengojnë refugjatët palestinezë të punojnë brenda vendeve të tyre,u mbyllin portat e u hapin kampet". Për çudi kjo agjensi në 2016 e çoi numrin e refugjateve palestineze në 5.200.000; një numër i jashtëzakonshme nëse konsiderojmë faktet e sapo përmendura.

Si mund të ndodhi? Është e thjeshtë nëse sipas OKB mjafton që një arab të ketë jetuar vetëm 2 vite në Palestine, deri në 1948, për tu bërë refugjat. Absurditeti qëndron në faktin që numërohen dhe trashgimtarët e refugjateve për të cilët në Rezolutë as që bëhet fjalë...

E premtja 15 maj është për palestinezët, "*dita e nakba*", "*dita e katastrofës*" e lindjes së Izraelit, por askush nuk proteston që shtetet arabe kanë të drejtë të refuzojë refugjatët, mund të bëjnë çfarë duan e askush nuk ndihet.

Refugjateve nuk u lejohet të bëhen qytetarë të shteteve arabe;e ndalon Rezoluta e çuditshme e Lidhjes arabe nr.1547 I 1959, "*për mbrojtjen e qenies palestineze e të identitetit palestinez*"(që është etno-nacionaliste, për të mos thënë raciste).

Në 1967 Jordania nuk dha asnjë nënshtetësi për banorët e Gazës që mbërritën pas luftës së 6 ditëve. Në 1970 ishin rreth 25.000 palestinezët që u përzunë ose u vranë gjatë ngjarjeve të Shtatorit të zi në Amman; kampet e tyre u shkatërruan. Jordanezët shohin palestinezët të cilëve sirianët u kanë hequr nënshtetësinë si një "rrezik demografik". E justifikimi është se e bëjnë për të mos të lënë Izraelin të fitojë.

Lexoni, lexoni: "*Nuk duam të jemi një instrumentizraelian për të gjetur një sistemim për palestinezëtqë vijnë në Jordani duke u garantuar atyre nënshtetësinë*" ka...shpjeguar ish ministri i punëve të brendshme jordaneze Nayef al-Qadi. Qesharak. Racizmi i Al-Qadi arrin deri aty sa jo vetëm të heqi nënshtetësinë palestinezëve, por deri sa të refuzoi nënshtetësinë fëmijëve të grave jordaneze të martuar me palestinezët e me qytetarë jo vendas.

Egjipti në 1949 përjashtoi të gjithë palestinezët nga kampi egjiptian i Gazës; sot në të gjithë vendin kanë ngelur pak. Në 2013 me qindra refugjatë palestinezë nga Siria u arrestuan ndërsa tentonin të hynin; u mbyll kufiri me Rafah me Gazën me përjashtim të udhëtimeve për probleme shëndeti duke arrestuar kështu de fakto 1.600.000 banorë të Gazës. Në shkurt 2015 Abdel Fattah al Sisi, i mbështetur nga Gjykata e Lartë, shpalli jashtë ligjit-si të ishte Izraeli- Hamasin pasi është organizatë terroriste.

Ndoshta në Liban situata është më e mirë. Jo tamam...Më shumë se 400.000 palestinezë jetojnë në 12 kampe të tmerrshme; nga 1962 ata nuk janë gjë tjetër veçse *"të huaj në atdhe" ose "të huaj nënshtetësia e të cilëve nuk njihet"*. Gjatë luftës civile kanë vdekur rreth 5000 palestinezë midis 1975 e 1978,pa numëruar këtu ata që vdiqën rreth 1985 e 1988 (mijëra të tjerë).

Në 2007 rreth 30.000 palestinezë ngelën pa shtëpi sepse ushtria libaneze shkatërroi kampin e Nahr el Bared. Në 2015 u vendos që palestinezët mund të rrinin në Liban vetëm 9 orë e duhet të kishin vizën e një shteti të tretë.

Ku ishte OKB kur Kuvajti e shtete të tjera të Gjirit, shpërngulën rreth 400.000 palestinezë në 1 javë, pasi kishin përkrahur pushtimin iraken në 1991?

Libia mban rekordin e racizmit antipalestinez ,record I vështirë të thyhet. Gheddafi në 1994-1995 përzuri rreth 30.000 palestinezë e u konfiskoi gjithçka.

Situata u përmirësua pas vdekjes së tij? Aspak!!! Rreth 40.000 palestinezë, rezidentë në zonën e Tripoli u përzunë me forcë nga shtëpitë që u konfiskuan e askush nuk u lejua të kthehej më. Motivi ishte për terrorizëm...Pse atëherë kur Izraeli thotë të njëjtën gjë nuk konsiderohet si e vërtetë?

Po në Iraq? Në 2005, pas rënies së Saddam Husseinit, palestinezët iu nënshtruan rrëmbimeve, vrasjeve e torturave nga ana e grupeve të armatosura; rreth 19.000 u detyruan të iknin në kampet e shkretëtirës midis Irakut e Sirisë, pasi asnjë shtet arab nuk i donte.

Palestinezët rezidentë në Irak sot janë më pak se 6.000. Thamer Meshainesh lider I Lidhjes për palestinezët në Irak ka deklaruar se palestinezët u nënshtrohen *"dhunave të pa dëgjuara"* e *"një numri gjithmonë e më të lartë sulmesh"*. Meshaineshe Abu al-Walid kanë akuzuar ANP që për këtë problem bën vetëm *"retorikë boshe"*. Le të vazhdojmë; në Katar që nga 1994 nuk u jepen viza pune palestinezëve.

Në Siri që nga vitet '70 palestinezët nuk mund të votonin e të votoheshin; në 2005-2006 nuk lejoi refugjatët që iknin nga Iraku të hynin në vend. Nga 2012 e deri më sot më shumë se 3.000 palestinezë janë vrarë në luftën civile e më pas kanë vuajtur nga uria e nga tmerret e luftës ashtu si refugjatët e kampit Yarmuk. Çfarë ka bërë OLP për ti mbrojtur? Në prillin e 2015 me hipokrizi ka deklaruar se nuk do të interesohet për kampin e Yarmukut, në periferi të Damascut me rreth 180.000 refugjatë palestinezë. Ata jetojnë si parazitë në një geto e marrin vetë ndihma nga OKB-ja ose nga të afërmit. Nasser e ka quajtur këtë kamp *"bombë atomike arabe"*.

Ju sfidoj: më gjeni dot një palestinez me pasaportë egjiptiane ose marokine? Doni dhe një të dhënë tjetër më të famshme?

Në Lindjen e Mesme që nga 1948 më shumë se 90% e 11 milionë të arabëve të vrarë janë vrarë nga musulmanët. Vetëm 0,3% është vrarë nga Izraeli në 66 vite konflikti!

Le ta mbyllim me një kuriozitet: e njihni kefiah, apo jo? Është simboli i përdorur në të gjithë botën për të treguar solidaritetin me popullin palestinez. Ekziston ajo bardhë e zi që i është bashkuar OLP-së e Al-Fatah në vitet 60. Ajo e bardhë dhe e kuqe, më pak e njohur i bashkohet (pa të drejtë) lëvizjeve marksiste si FPLP.

E pra , sot vetëm një fabrikë e vjetër në Hebron prodhon akoma kefiah,pjesa tjetër që gjendet nëpër suke prodhohet e gjitha në Kinë; Hamas që drejton Gazën, nuk e do kefiah. Prandaj në Gaza forzat e Sigurimit të Hamasit kanë rrahur studentët e personelin universitar që e përdornin në Universitetin *Al-Azhar*. Qëndra për të drejtat humane *Al Mezan* ka denoncuar ndalimin e përdorjes së kefiah nga ana e policisë së Hamasit, sulmin në universitet e rrahjen e studentëve. Kjo na qenka popullata e bashkuar palestinezë?

• • • •

Territorët e (pa) pushtuar

Refreni i tretë më i përdorur është ai që Izraeli ka "pushtuar" territoret e famshme.

Le të shohim se ç'thonë teknikët: profesori i të drejtës internazionale, ish president i Gjykatës Internazionale të Drejtësisë, Stephen Schwebel, ka shpjeguar se një vend që vepron për mbrojtjen legjitime mund të konfiskoi e të pushtoi një territor nëse është e nevojshme për të mbrojtur veten e popullin e tij. Për ta kthyer, mund të kërkojë, marrjen e masave të nevojshme për ti garantuar sigurinë. Ja se çfarë thotë neni 49 i Marrëveshjes së Gjenevës për këtë argument: paragrafi I parë ndalon *"trasferimentet e detyrueshme individuale ose kolektive, si dhe internimin e njerëzve të mbrojtur, jashtë nga territori i pushtuar me destinacion territorin e forcës pushtuese ose të ndonjë shteti tjetër, i pushtuar ose jo... cili do që të jetë motivi"*.

E pra asnjë qytetar arab në lindje të Linjës Jeshile nuk është shpërngulur për në Izrael ose destinacion tjetër, në të kundërt ligji është shkelur kur hebrejtë u përzunë nga Xhiudea e Samaria, nga jordanezët në 1949.

Paragrafi tjetër thotë:

"Fuqia pushtuese mund të organizojë lirimin total ose të një pjese, të një zone të caktuar, ne qofte se siguria e popullatës ose nevoja urgjente të mbrojtjes e kërkojnë. Lirimi I territorit mund të sjellë si pasojë spostimin e personave të mbrojtur vetëm brenda territorit të pushtuar, me përjashtim të faktit kur është e pamundur materialisht. Popullata e evakuuar do të mund të kthehet në banesa sapo të mbarojnë luftimet në sektorin e interesuar".

Është pikërisht ajo që ka bërë Izraeli me barrierën e tij të sigurimit në *West Bank*, pas intifadës së dytë, duke sjellë punëtorë për ta ndërtuar atë. Paragrafi i fundit mbyllet kështu:

"Fuqia pushtuese nuk mund të internojë ose të transferojë një pjesë të popullsisë së saj në territorin e pushtuar".

Atëherë kur hebrejtë janë detyruar të shkojnë në Çisjordani e në Gaza? Ata vajtën atje sepse ishin territoret e të kaluarës së tyre, territoret e të parëve të tyre nga të cilët ishin dëbuar në 1949.

Kushedi nëse etimologjia e fjalës "pushtim" do ngarkoi me faj Izraelin? Aspak! Kur këto territore kanë qenë pushtuar e të mbajtur në mënyrë legale nga Jordania ose Egjipti?

Çizjordania e Gaza që pas rënies së Perandorisë Otomane, nuk kanë pasur kurrë, siç e treguam, një qeveri zyrtare; për "palestinezë" as që bëhej fjalë pasi nuk i kanë pasur si të tyre,as në mënyrë ilegale. Në të kundërt në Xhudia e Samaria gjithmonë kishin qenë hebrejtë; si mund të thuhetse janë pushtues ose "kolonë" në territoret që janë objekt? Nuk shërben as ndërrimi i emrit nga Xhudia e Samaria në *West Bank* (pasi ndodhen në perëndim të lumit Jordan) për të ndryshuar historinë. Shteti i fundit sovran në ato toka, përpara Izraelit, ishte Xhudea hebraike. E gjeni dot kush konfermon gjithçka me këtë fjali? Lexoni:

"Gaza është e liruar nga pushtimi e lidhja me botën e jashtme është më e lehtë për vizitorët që vijnë nga gjithë bota te ne".

Është pikërisht i famshmi Ministër i Punëve të Jashtme të Hamasit, Mahmud Zahhar që flet.

Nga ana tjetër dokuHamasi i ndarjes i OKB-së i 1947 nuk e quante *West Bank*, por fliste posaçërisht *"për zonën kodrinore të Samaria e të Xhiudesë"*. Nuk shkonte për arabët të përdornin emrat e vërteta?

Nuk ndryshon asgjë nëse analizojmë Rregullat e Hagës (sidomos nenin 55):

"Shteti pushtues do të konsiderohet vetëm si administrator e përdorës i ndërtesave publike e private, pyjeve ndërmarrjeve bujqësore që i përkasin shtetit armik e që ndodhen në territorin e pushtuar. Ai duhet të ruajë efektivitetin e këtyre pasurive e duhet ti administrojë duke respektuar ligjet rregullojnë usufruktin".

Cilat janë këto ligje që duhet të zbatohen? Dikush mund të thotë që janë ato të Mandatit britanik; edhe pse neni 6 i Mandatit britanik të 1922 u jep të drejtën hebrejve të vendosen atje ku dëshirojnë brenda territoreve të përmendura në të sapo cituarin mandat (d.m.th edhe Gaza, Izraeli dhe e ashtuquajtura *West Bank*). Nëse do zbatojmë ligjet e pushtuesit Jordan do kishin akoma më pak probleme.

Le të supozojmë që Izraeli është fuqi pushtuese në Gaza. Ja se çfarë parashikon neni 43 i Konventës së Hagës mbi ligjet e zakonet e luftës tokësore o 18 tetorit 1907:

"Në momentin kur autoriteti e pushteti kalojnë në duart e pushtuesit, ky i fundit duhet të marri të gjitha masat për të vënë e garantuar, nëse është e mundur, urdhërin publik e sigurimin, duke respektuar- nëse nuk është e ndaluar - ligjet në fuqi, të shtetit të pushtuar".

Me pak fjalë kjo normë autorizon si hyrjen e Izraelit në Gaza, ashtu dhe vënien e tutelimin e urdhrit publik e të sigurimit. Kush do të kundërshtojë të mos harroi se Hamasi që nuk ka legjitimitet në ato territore,nuk mund – në kundërshtim me Marrëveshjet e Oslos – të mbledhë armë e municione, e as të sulmoi dikë.

Nga ana tjetër të mos harrojmë se pjesa më e madhe e ndërtimeve është bërë në zona të pabazuara e kur është bërë në qytete arabe, asnjë palestinez është përzënë nga banesa e tij. Për të qenë më të saktë: flasim për "pushtimin "e më pak se 2% të të gjitha territoreve.

Në një intervistë të botuar nga Haaretz përfaqësuesi palestinez Erkat, krahu I djathtë për politikën internazionale i presidentit palestinez Mahmoud Abbas, ka pranuar se kolonitë në West Bank kanë pushtuar vetëm 1,1 % të territorit!

Gjithashtu është me rëndësi të theksojmë se rreth 70-80% e kolonëvë është vendosur në periferitë e qyteteve më të mëdha izraeliane si Jeruzalemi e Tel Avivi me qëllim garantimin e sigurisë së Izraelit, duke pasur kështu një shumicë arabe në zonat ku ka pasur luftime të ashpra si Çizjordania e korridori Tel Aviv- Jeruzalem.

Po të paktën a është e vërtetë se për Rezolutën e OKB-së 242 Jeruzalemi lindor është "territor i pushtuar"? Një nga formuluesit e kësaj Rezolute, ambasadori I ShBA pranë OKB, Artur Goldberg ka deklaruar:

"*Rezoluta 242 nuk bën fjalë për Jeruzalemin e kjo është bërë me dashje. Jeruzalemi ishte një çështje e rëndësishme e ndarë nga Çizjordania*".

Në Rezolutë qartësohet fakti se nuk është e pranueshme marrja e tokës nëpërmjet luftës, d.m.th është mëse e qartë se kërkohet të evitohet fakti që kush sulmon ka të drejtë të mbajë territoret e pushtuara. Po të arsyetojmë në të kundërt çfarë ka për të humbur një shtet që sulmon një tjetër, siç kanë bërë gjithmonë arabët, nëse nuk rrezikon territorin (ose një pjesë të tij)?

Rezoluta kërkon "*tërheqjen e forcave të armatosura izraeliane nga territoret e pushtuara në konfliktin e fundit*": këtu është problemi. Këshilli I Sigurimit nuk ka vendosur në asnjë vend që Izraeli duhet të tërhiqet "*nga të gjithë territoret e pushtuara nga lufta e 6 ditëve*", por thjesht "*nga territoret e pushtuara*". Fakti që nuk është fjala "*të gjithë*" tregon se Izraeli nuk duhet të tërhiqet nga të gjithë territoret.

Delegati sovjetik përsëriti atëherë se duke mos e vënë fjalën "*të gjithë*" lihej të kuptohej se një pjesë e këtyre territoreve mund të ngelej në duart e izraelianëve. Shtetet arabe që donin përdorjen e kësaj fjale thanë se për ata kuptimi ngelej "*të gjithë*",por ama nuk këmbëngulën për ta vënë.

Të mos harrojmë se Izraeli është tërhequr nga 91% I territorit duke i kthyer Egjiptit Sinanin (rreth 23.000 milje kuadratë) për ta bërë zonë kushinetë midis Egjiptit e Izraelit. Dhe kjo duke pasur parasysh se linja e 1967 - e përsërisim- nuk ka qenë asnjëherë një kufi i njohur nga të tjerët.

Mesa dihet asnjë shtet nuk është tërhequr ndonjëherë nga territoret e marra në luftë. Me përjashtim të Izraelit.

Plani i ndarjes I OKB-së I Palestinës në 1947- duke qenë vetëm Rakomandim – nuk ka zëvendësuar Mandatin britanik pasi Komiteti I lartë Arab Palestinez e shtetet që marrin pjesë në Lidhjen Arabe nuk e kanë njohur kurrë.

Nga ana tjetër neni 80 i Kartës së OKB-së njeh në mënyrë të qartë "Mandatin për Palestinën" e Lidhjes së Kombeve. Ka dhe një mbrojtje juridike për të gjithë këtë; Gjykata internazionale e drejtësisë ka konfirmuar qenien në fuqi të nenit 80 në tre vendime të ndryshme : mendimi këshillues i CIG i 11 korrikut 1950, mendimi këshillues ICJ i 21 qershorit 1971 dhe ai i 9 korrikut 2004.

Paqja që mungon qenka atëherë për faj të Izraelit?

Në 1937 arabët i thanë jo raportit të komisionit Peel që donte dy shtete për dy popuj; në 1947 refuzuan planin e ndarjes së OKB-së; në 1993 Izraeli firmosi marrëveshjen e Oslos e i zbatoi duke I dhënë Autoritetit Kombëtar Palestinez (ishte OLP) kontrollin administrativ të Çizjordanisë (zonat A e B).; në 2010 kryeministri Netanyahu deklaroi se ishte i hapur për bisedime - pa vënë kushte - r arritur më në fund në në krijimin e një shteti palestinez por nga ana tjetër u vunë kushte të papranueshme jëra pas tjetrës. Në atë periudhë paqësori Dennis Ross shpërtheu: *"Arafati nuk fo fundin e konfliktit pasi ky do të ishte fundi i tij"*.

Kjo është e vërtetë; nga një pavarësi eventuale palestinezët kanë shumë për të humbur, sidomos drejtuesit e tyre. Në radhë të parë sepse do jenë të detyruar të punojnë për të mbajtur veten e do të pushonin ndihmat internacionale që bien si shi (11 milionë dollarë në vit). Një tjetër gjepur që për fat të keq besohet sot është ajo që kolonitë përbëjnë një pengesë për paqen.

Në periudhën 1949-1967 hebrejtë nuk ishin në Çisjordani, ama për paqe nuk flitej. Nga 1967 deri në 1977 qeveria e së majtës la vetëm disa koloni strategjike por kjo nuk u ndoq nga asnjë marrëveshje. Në të kundërt kur në 1977 qeveria e së djathtës vendosi të rriste kolonitë- përjashtuar tërheqjen nga Sinai, ku u hoqën realisht- presidenti Sadat nuk pati asnjë problem të firmoste paqen me Izraelin.

Midis qershorit 1992 e qershorit1996 nën drejtimine qeverisë së majtë kolonitë u rritën rreth 50% megjithatë palestinezët firmosën marrëveshjen e Oslos në shtator 1993 e marrëveshjen Oslo 2 në shtator 1995. Në të njëjtën kohë në 1994, Jordania i dha fund kontradiktave me Izraelin për gjithmonë pa marrë parasysh kolonitë që ekzistonin akoma. Në vitin 2000 kryeministri Barak donte ti jepte OLP-së sovranitetin e plotë mbi rreth 98% të Çizjordanisë, një korridori drejt Gazës e një kryeqytet në sektorin arab të Jeruzalemit plus njohjen e fillimit të një "kthimi" për refugjatët; Arafati tha jo. Në 2005 kryeministri Sharon duke dashur të tregonte vullnetin e mirë urdhëroi tërheqjen anësore nga Gaza, duke i detyruar kolonët të largoheshin nga shtëpitë e tyre; palestinezët u përgjigjën me dhënien e mandatit për Hamasin e ky i fundit qëlloi me rreth 10 mijë raketa jugun e Izraelit. Të gjithë ne e dimë se çfarëdo të ndodhtenëse Izraelido vendoste të tërhiqej pa paqe nga territoret e "pushtuara" të *West Bank*. Në 2008 kryeministri Ehud Olmert ofroi pothuajse të njëjtat gjëra si në 2000, por si gjithmonë, pala tjetër refuzoi. Si konkluzion jo-të arabe të pa- menduara mirë janë me radhë 1937, 1947, 1967, 2000, 2001, 2008, 2012.

Ç'mund të themi për sa I përket qëndrimit izraelian e arab mbi dhënien e tokave në zonat nën diskutim? Në 2002 Gjykata e Lartë izraeliane tërhoqi vëmendjen mbi faktin se shteti nuk mund të ndante tokat në bazë të besimit fetar ose të etnisë pra nuk mund të pengonte që qytetarët arabë të jetonin ku donin. Nga ana tjetër në 1996, myftiu i autoritetit kombëtar palestinez Ikrima Sabri lëshoi një fatwa me të cilën u ndalonte arabëve tu shisnin tokat e tyre hebrejve, dënimi do të ishte vdekja. Prandaj *"shtatë shitës tokash"* u dënuan me vdekje atë vit.

Në 5 maj 1997 ministri I drejtësisë I ANP Freih Abu Middein vendosi formalisht dënimin me vdekje edhe për kë bindëte dikë tjetër të shiste edhe një cm të vetëm Izraelit; provë është vrasja në 1998 e një palestinezi që vetem ishte dyshuar për shitje. U arrestuan pastaj të tjerë shitës, të dyshuar si të tillë, për shkeljen e ligjit jordanez që ndalon në West Bank shit-blerjen të huajve. Për të konfirmuar demokracinë izraeliane në majin e 2012 Knesset bllokoi propozimin e ligjit të prezantuar nga parlamentarja e *Likud*, Miri Regev, për rritjen e sovranitetit tokësor izraelian në Xhudia e Samaria. Le të vemi tani te faktet e qarta që tregojnë kushtet e jetesës në ato zona. Midis 1967 e fillimit të viteve '80 të ardhurat për kokë më Gaza vajtën nga 80 në 1.700 dollarë, ndërsa në Çisjordani prodhimi i brendshëm u rrit 3 fish, numri i makinave u rrit 10 herë, ai I telefonave 6 herë e ai I traktorëve 9 herë.

Në 1967 vetëm 18% e banesave të Gazës kishin energji elektrike: në 1981 ishin tashmë 89%. Çfarë apartheid i çuditshëm...

Prodhimi i brendshëm midis 1968 e 1978 ishte 12,9% në vit e 12,1 në Gaza. Në të njëjtën periudhë në Izrael ishte më I vogël, rreth 5,5%.

Ç'mund të themi për arabët që jetojnë më Gaza e në Çisjordani? Sipas OMS më shumë se ¼ e palestinezëve është tepër e shëndetshme: efekt ky i "imperializmit izraelian"! Gazetari izraelian Ben-Dror Yemini ka zbuluar se palestinezët e Gazës e të Çizjordanisë kanë një jetë të gjatë deri në 76 vjeç (mesatarja botërore është 72 vjeç). Në 1967 ishte 48,7 vjeç. Në këto territore vdekja foshnjore është më e ulëta në Lindjen e Mesme (13 për 1.000 e është në ulje të vazhduar), numri i të diplomuarve është më i larti në botën arabe (49% I popullsisë është e shkolluar). Sipas regjistrimit izraelian të 1967 popullata e Çizjordanisë dhe e Gazës ishte 2.949.246 e 1.957.062 banorë. Pra le të ribëjmë llogaritë; popullsia e Çizjordanisë, nën politikën e pastrimit etnik të ndjekur nga Izraeli është rritur pothuajse 2,3 milionë e në Gaza 1,6 milionë.

Kapitulli 3 - Imperializmi palestinez

. . . .

"Palästi-nazi"

Për ata që mendojnë se deti është i ëmbël, se bora djeg e shiu është i thatë lëvizja palestineze ka karakteristikat e së majtës (OLP) ose "marksiste" (FPLP). E pra e vërteta është ndryshe.

E njihni Hadj Amin al-Husseinì? Ishte myftiu i madh I Jeruzalemit, lideri I vëllezërve musulmanë, rezident në Gjermani nga 1941-1945. Gjaku i keq nuk gënjen...në fakt ishte frymëzuesi i Yasser Arafat. Profili nazifashist arriti kulmin kur vetë Musolini u hoq si mbrojtësi i arabëve e pranoi në Tripoli në 28 mars 1937 shpatën e Islamit pasi kritikoi ashpër vendbanimet (kolonitë) hebraike në Palestinë. Në një letër zyrtare drejtuar Myftiut të madh nga ministri i Punëve të Jashtme fashiste Çiano I njohur botërisht si filoarab, u konfirmohej aleatëve arabë se Italia do të bënte të pamundurën për të shkatërruar *"vatrën kombëtare hebraike"*. Për të konfirmuar këtë fakt në 10 shtator 1936 e në 15 qershor 1938 Myftiu i madh mori nga Italia 138.000 sterlina.

Po nazistët atëherë? Nuk u treguan më të mirë. Bernard Lewis na shpjegon përse ishin kaq shumë kundër krijimit të një shteti izraelian:

"Sipas teorive raciale vetëm arianët ishin të denjë të gëzoninsovraniteti politik pasi vetëm ata ishin në gjendje ta zbatonin. Hebrejve u mungonte aftësia për të krijuar e idealizmi i nevojshëm për krijimin e mbijetimin e një shteti".

Në *Mein Kampf* Hitleri paralajmëronte :

"Kur sionismi përpiqet ti mbushi mendjen botës se ndërgjegja kombëtare e hebrejve do gjejë realizimin e saj në krijimin e një shteti palestinez... hebrejtë nuk kanë qëllim tjetër përveçse të vendosin qëndrën operative të ndërmarrjes së tyre qesharake".

Në nëntor 1941 Myftiu u takua me Hitlerin i cili dy më sy i konfermoi se

"Gjermania ishte kundër vatrës kombëtare hebraike në Palestinë... Gjermania do të jepte ndihmë konkrete arabëve që luftonin në të njëjtin front... objektivi i Gjermanisë (N.E.A) është vetëm shkatërrimi i elementit hebraik rezident në sferën arabe... në këtë moment Myftiu do të jetë zëdhënësi më i rëndësishëm i botës arabe".

Në 2 nëntor 1943 Heinrich Himmler i përsëriti Myftiut të madh, me një mesazh telegrafik, se *"partia nazionalsocialiste e Raihut të madh gjerman... ka ndjekur me simpati të madhe luftën e arabëve të frymëzuar nga shpirti i lirisë kundër pushtuesve hebrej sidomos në Palestinë".*

Nga ana e tij Ribbentrop I premtonte Myftiut, ashtu siç kishte bërë dhe Çiano se

"Gjermania është gati të japë të gjithë mbështetjen e saj vendeve arabe të shtypura për të realizuar objektivat e tyre kombëtare, pavarësinë e sovranitetin e për shkatërrimin e "zjarrit kombëtar hebraik" në Palestinë".

Në një kronologji të tmerrit në 1 mars 1944 *Furher* nxiti gjuetinë e hebrejve në një buletin radiofonik tmerrësisht antisemit:

"Arabë ngrihuni e luftoni për të drejtat tuaja! Vritni të gjithë hebrejtë që gjeni!"

Gjatë gjyqit kundër Eichmann, procesi u zhvillua në Jeruzalem në 1961, prokurori I përgjithshëm Gideon Hausner paraqiti dokumentet që tregonin takimin e zhvilluar në nëntor 1941, gjatë të cilit Myftiu i shpjegonte Eichmann "zgjidhjen finale". Por edhe më parë më procesin e Norimbergut, një dëshmitar kishte konfirmuar se Myftiu kishte takuar personalisht Eichmann në kampin e Auschwitz e në mënyrë të paturpshme kishte "shtyrë rojet (N.e.a) të shtonin përdorjen e dhomave të gazit".

Myftiu vetë në radio Berlin njoftonte në nëntor 1944:

"Të gjithë arabëve: qeveria gjermane pranon krijimin e një force arabe që do të luftoi kundër brigadës hebraike".

Në 1945 Yugosllavia deshi të akuzonte Myftiun si kriminel lufte pasi kishte reklutuar 20.000 vullnetarë musulmanë që luftuan e ndihmuan SS kundër hebrejve në Kroaci e Hungari; turpi qe që e lanë të ikte nga Franca në 1946 për të punuar pastaj për palestinezët në Kairo e pastaj në Beirut.

Po sot? Asgjë nuk ka ndryshuar.

Sheiku Hassan Nasrallah, lider i *Hezbollah* libanez është afër ideve nazionalsocialiste dhe ka quajtur historianin mohues nazist David Irving një *"njeri të guximshëm viktimë të sionistëve"* që ka vetëm *"mbrojtur një mendim shkencor me karakter historik duke mohuar ekzistencën e dhomave të gazit në kampet naziste".*

Një nazist i përdorurnga palestinezët ishte François Genoud, bankier zviceran i njohur i nazizmit trashgimtar testamentar i Adolf Hitler e Joseph Goebbels. Thesari i luftës i Raihut u përdor për të financuar terroristët palestinezë sidomos të ashtuquajturit "marksistë-leninistë" të *FPLP* e sidomos një mikun intim të krijuesit të tij George Habbash e të themeluesit të Shtatorit të Zi Ali Hassan Salameh. Ishte vetë Genoud që pranoi ,para se të vdiste, në një intervistë me gazetarin francez Pierre Péan se kishte pasur gisht në 1972 në grabitjen e aeroplanit Lufthansa 649 nga ana e palestinezëve. Në 1959 krijoi "*Shoqatën internacionale të miqve të botës arabe*" e më vonë vajti në Losanna ku hapi Bankën tregtare arabe me sirianin Zouhair Mardam Bey.

Bëhet fjalë për një internacionale (natyrisht neonaziste) që organizonte dhe kampet e stërvitjes së palestinezëve në Pirenejtë spanjollë e në Alto Adige. Kështu kampi I Malga Croun ishte i koordinuar e i drejtuar nga grupi i njohur extraparlamentare i Pararojës Kombëtare (AN) për "*të forcuar rininë palestineze*". Në 5 e 6 prill 1969 u mbajt në Barcelonë asambleja e dhjetë e nazistëve të Urdhërit të ri Evropian (NOE) e krijuar në Zurih nga francezi René Binet dhe e drejtuar nga zvicerani Gaston-Armand Amaudruz që ishte pranë Genoud. Në Barcelonë ishin dhe delegatët ushtarakë të Al Fatah, anëtarë të OLP së Arafatit. Por që në 1970 militantët neonazisti gjenden në kampet palestinezë të Tal al-zaatar e të Bir hassan në Liban. Atje Olp-ja reklutoi militantë neonazistë gjerman di p.sh 20 elementët e grupit neonazist *Wehrsportgruppe* (grupi sportiv ushtarak), I krijuar në 1973 nga Karl Heinrich Hoffman. Uno Albrecht një kriminel gjerman që luftoi me grupet palestineze gjatë shtatorit të zi në Jordani në krye të një grupi neofashist të quajtur *Freikorps Adolf Hitler* që e çoi pastaj në Olp. Në 2012 Der Spiegelnjoftoi se dy neonazistë, Willi Pohle Max Abramowski kishin ndihmuar Shtatorin e Zi më masakrën e Mynihut në 1972 duke transportuar terroristë e duke u dhënë pasaporta. OLP reclutoi në 1969 Erich Altern, përgjegjës I seksionit të punëve hebraike të Gestapos në Galizia. Pasi ndërroi fe e zgjodhi islamin, ndërroi dhe emrin në Ali Bella e në Egjipt në vitet '50 kishte drejtuar luftëtarët palestineze.

Mbaroi me kaq? Absolutisht jo!

OLP ka pranuar në radhët e saj dhe Willy Berner një SS i kampit të përqendrimit të *Mauthausen*; nga ana e tij një nazist tjetër, Johann Schuller furnizoi me armë *Al- Fatah*. Një tjetër neonazist belg, Karl van der Put, angazhoi vullnetarë për organizatën palestineze. Edhe belgu Jean Thiriart, sekretar i organizatës naziste La *Nation Européenne*, paguhej nga Al-Fatah. Një tjetër shok, Otto Albrecht, u arrestua në Gjermani e iu gjetën dokumentet e OLP-së pasi vetë palestinezët i kishin dorëzuar më shumë se 1 milionë dollarë për të blerë armë. Marrëdhëniet me neonazistët gjithmonë kanë qenë të forta, bile të dy palët kanë qenë (e janë) e njëjta gjë. Nga 1945 deri në 1958 pothuajse 20.000 jerarkë nazionalsocialistë gjetën strehë sidomos në Siri e në Egjipt. Një shembull është konferiencieri francez Saint-Loup (emri i vërtetë i të cilit ishte Marc Augier) ish oficer politik i divizionit SS Karli i Madh që botoi një libër me titull "Palestina do të fitoi". Nuk mungon as Wilhelm Boerner (të cilit i pëlqente të quhej Ali Ben Keshir) që ishte SS Untersturmführer, ish roje në kampin e Mauthausen. Kemi pastaj një nëpunës të Ministrisë së Punëve të brendshme egjiptiane Karl Luder, istruktor i Frontit të lirimit të Palestinës që kishte qenë ish drejtues i Hitlerjugend e përgjegjës për krimet antisemite në Poloni. Në nëntor 1967 Der Neue Aufbruch, revista e organizatës neonaziste Bund Heimattreuer Jugend (rini besnike e Atdheut), botonte një nekrologji e dedikuar për Karl van Kynast *"Toger rezervist i Bundeswehr, kapiten i ushtrisë së Republikës arabe të bashkuar, që ra në frontin e Suezit në 12 shtator 1967"*.

Leopold Gleim, i mirënjohuri shef I Gestapos në Poloni, mori emrin Ali al Nahar, kur u zgjodh nga diktatori egjiptian Nasser; Oskar Dirlewanger vrasës i qindra mijëra hebrejve në Ukrainë u bë roje trupore. Një tjetër doktor Mengele në Dachau ishte doktor Heinrich Willerman që drejtoi "Kampin Samarra" në Egjipt. Në Kairo jetonte dhe Carl Debouche që në të vërtetë quhej Hans Eisele, një tjetër mjek vrasës i Dachau i cili linte të burgosurit të vdisnin ngadalë pas gjilpërave me cianuro ose provonte mbi ta apomorfinën për të analizuar efektet e vjelljes. Kurt Baurnann, kriminel i getos së Varsavia punoi për Ministrinë e Luftës në Kairo e stërviti palestinezët në Lindjen e afërme. Në krye të Gestapos së Dyseldorf ishte Joachim Daemling rë cilit iu dha detyra e riorganizimit e policisë dhe sistemit të burgjeve egjiptiane. Walter Rauff, i famshëm për të ashtuquajturit "kamionët e gazit" në të cilët u masakruan pothuajse 100.000.000 hebrej mendoi të mbaronte *"punën"* e tij në Damask.

Të mos harrojmë ata që ndërruan fe si Wilhelm Boerner (Abd al Karim) ish kapiten i Gestapos e përgjegjës i shërbimit informativ egjiptian, SS Wilhelm Berner që stërviti fedajinët palestinezë , SS Gruppenführer Aloïs Moser (Hassan Sulayman) që u në istruktor ushtarak, komandanti i rojeve të trupit të Hitlerit Ludwig Heiden (el Hadj) që përktheu Mein Kampf në arabisht, Heinrich Sellman (Muhammad Sulayman) nëpunës I rëndësishëm i Gestapos në Ulm e për ta mbyllur... ish SS Sturmbannführer Walter Balmann (Ali Ben Khader). Por neonazisti më aktiv në Egjipt ishte krimineli i luftës Johann von Leers ish kolonel i SS e drejtues i NSDAP. Në vitet ' 50 Haj Amin al Husseini, myftiu i Jeruzalemit e priti me krahët hapur duke pasur parasysh të kaluarën e tij e u shpreh:

"Ju falënderojmë për faktin që guxuat të fillonit luftën kundër forcave të errësirës së përfaqësuara nga hebraizmi botëror".

Von Leers ndërroi fe e u quajt Omar Amin von Leers, këshilltar politik i departamentit informativ I Kairos i zgjedhur për të shfrytëzuar eksperiencën si më i afërti bashkëpunëtor i Joseph Goebbels, si shef i propagandës shtetërore antihebraike me Institutin e kërkimeve mbi sionizmin.

Ky personazh krijoi e drejtoi emisione të rëndësishme si Zëri i arabëve, një kult i shpifur, për arabët. Ja se çfarë i pëlqente nga Hitleri:

"Hitlerit i pëlqeja luftën kundër hebrejve dhe faktin që arriti të zhdukte kaq shumë".

Filozofi hebre Emile Fackenheim kujtoi se çfarë mendonte Von Leers:

"Shtetet që u japin azil hebrejve u japin azil dhe mortajës, Raihu ka të detyrën morale e të drejtën ligjore për të pushtuar këto vende sepse duhet të vejë e të shpërthejë luftën e tij, pa justifikime, për shkatërrimin e mortajës".

Dhe Otto Skorzeny, komandanti i SS që liroi Musolinin nga burgimi në Gran Sasso, punoi në spiunazhin e Nasserit: vetë ai kishte zgjedhur si ndihmës një shok gjerman, nëpunës i Ministrisë së Propagandës së Goebbels e të Rsha së Himmler të quajtur Franz Buensch. Në referencat e tij të fëlliqura naziste ai mund të mburrej për punën e tij me Eichmann për zgjidhjen finale e për shkruajtjen e një libri paçavure të quajtur *"Zakonet seksuale të hebrejve".*

Majori Otto Ernst Remer që shtypi komplotin për të vrarë Hitlerin në 20 korrik 1944, u intervistua në 1993 nga një gazetë egjiptiane. Jo vetëm foli përçart kur tha se dhomat e gazit ishin vetëm gënjeshtra, por krahasoi humbjen e

Gjermanisë naziste me atë të palestinezëve "*së bashku jemi viktima të hebrejve, së bashku kemi vuajtur nën të njëjtin pushtim*". Një shembull tjetër i "Palestina-xizmo". Një pjesë e madhe e palestinezëve ishin nazistë; në 1966 u botua në arabisht Protokolli i të mençurve të Sionit i përkthyer nga Shawqi Abd el Nasser, vëllai i presidentit Nasser. E gjithë kjo na lejon të na duket akoma më shumë e çuditshme kur lexojmë në volumin Izrael Lobby që "*Organizatat terrorristike që kërcënojnë Izraelin (si Hamas, Hezbollah) nuk organizojnë sulme kundër Shteteve të Bashkuara e nuk përbëjnë një rrezik të madh për interesat e Amerikës në fushën e Sigurimit...*" pra "*jo të gjithë terroristët janë njësoj*".

Me pak fjalë ç'na duhet ne amerikanëve nëse zhdukin hebrejtë?

Në botë nacionalsocialisët janë filo palestineze. Në 1985 naziskini anglez Michael Davison ndihmoi dy terrorristë të OLP të vrisnin tre izraelianë afër Larnaka në Qipro.

August Kreis, ish anëtar I shumë organizatave raciste në SHBA (*Posse comitatus, KKK e Aryan Nation*) me shumë këmbëngulje deshi një faqe të tërë në sitin e *Aryan Nation* të dedikuar Hamasit me këtë shpjegim:

"*Për këtë ne duartrokasim aksionet e Hamasit, Hezbollahut*".

Nga ana tjetër mjafton të kontrollosh internetin për të gjetur në Google fotografi të palestinezëve që nderojnë si nazistë; si fotoja zyrtare e të ashtuquajturve luftëtarë të *Hezbollah* në Liban në ditën e dëshmorëve në Beirut në 11 nëntor 2001, ajo e militantëve të Hamasit, për të mbërritur te policia palestineze e *Al Fatah*. Nderimi nazist shoqëron fotografitë e militantëve të Hezbollahut me flamurin e verdhë-jeshile ose të atyre të *PFLP* (marksistë-leninistët) me atë të bardhë, të kuqe e jeshile ose e militantëve anonimë me kefiah.

Një kuriozitet: që nga 1942 ekziston Partia Nacionalsocialiste Siriane në Liban, Siri, Jordani, Irak e Palestinë (simboli i saj është një kryq i thyer në një sfond të bardhë e rreth të zi). Është formacioni politik më i madh i Sirisë, pas partisë Ba'th) me më shumë se 100.000 anëtarë që luftojnë kundër kujt? Kundër Izraelit!

• • • •

Aparteidi anti izraelian

Nga të tillë mësues nuk mund të mos lindte ideologjia pale-nazifashiste. Në dhjetor 2010 Abbas pati guximin të thoshte (do të përsërisi të njëjtin mendim në 2013):

"Nuk do të njohë kurrë shtetin hebre, as sot e as pas 1000 vitesh" e *"Në një Palestinë indipendente me Jeruzalemin kryeqytet nuk do të ketë vend për asnjë izraelian"*. Për të qenë të qartë nuk e kishte fjalën për ushtarët,por për civilët. I njëjti koncept u shpreh nga Ambasadori i OLP në SHBA, Maen Areika, në 13 shtator 2011. Me të drejtë kryeministri Netanyahu pyeti: *"20% e banorëve të Izraelit janë arabë, pse nuk gjej asnjë izraelian te ju?"* Le të përgjigjemi ne: ndalohet hyrja e izraelianëve në Irak, Kuvajt, Liban, Iran, Libi, Pakistan, Arabi, Saudite, Siri, Yemen, Algjeri, Bangladesh, Brunei, Malezi , Oman e Emiratet e Bashkuara Arabe. Do ishte mirë sikur ky të ishte i vetmi ndalim; objektivi i tyre është ti vrasin kudo që të jenë.

Zoti Abbas që ka qenë numëri 2 i Arafatit në OLP e krijuesi i *Al-Fatah*, i ka dhënë një " medalje kujtimi" nënës së 3 terroristëve palestinezë, njëri prej të cilëve vdiq në një atentat vetëvrasës në 2002 ku humbën jetën 5 izraelianë. Në 3 shkurt 2016 u shprehu familjeve të 11 terroristëve mirënjohjen e tij: "*Fëmijët tuaj janë martirë*". Në 2003 lideri i terroristëve i shfaq dhe si kundërshtues i holokaustit.

"*Dikush ka shkruar se ishin 12 milionë e dikush se ishin 800.000. Nuk kam qëllim të shprehem mbi këtë argument*".

Është përsëritës ama, pasi në 1982 në Moskë, në temën e doktoratit shprehej: "*... Pas luftës u shpall se viktimat ishin 6 milionë hebrej e që masakra ishte drejtuar në radhë të parë kundër hebrejve e pastaj kundër popujve të tjerë. E vërteta është se askush nuk mund ta verifikojë këtë shifër si dhe ta kundërshtojë*".

Në dhluft 2008 publikisht u mburr kështu: "*Pata nderin të qëlloi i pari në në 1985*". Më përgjithësi shumë herë ka përsëritur se është krenar që ka instruktuar *Hezbollah* e të gjithë terroristët e ardhshëm në kampet e stërvitjes. Më 2010 deklaroi se masakra e Olimpiadi së Mynihut ishte një kryevepër e rezistencës për një çështje të drejtë e se për të "*hebrejtë kanë vënë këmbët e tyre të qelbura mbi gurët e sheshit*". I kishte marrë erë, mesa duket...

Në të vërtetë nuk është veyëm: në 29 nëntor 2000 profesori i historisë i universitetit të Gazës, Islam Sisalim deklaroi: "*Nuk ekzistojnë Dachau, Chelmno e Auschwitz*". Gjyqtari islamistë, Sheik Tayseer Tamini i ALP thoshte "*Ku dështoi Hitjeri ,ne duhet të fitojmë*". Amin Dabur, drejtor i qëndrës palestineze të studimeve strategjike arrin të thotë: "*I famshëmi numër prek 6 milionësh i hebrejve të vrarë gjatë holokaustit është vetëm propagandë*".

Imami egjiptian Mahmoud Al-Masri, shpesh prezent në televizionin egjiptian *Al-Nas TV* është një propagandues i "*të vërtetave*" të Protokolleve të Sionit. Nul mungon as një video e presidentit egjiptian Morsi I 2010 në të cilin deklaron se hebrejtë janë *"pjellë e majmunët dhe derrave"*. Të mos habitemi pastaj që ka kaq shumë terrotistë e që Abu Mazen sapo mori nga Biden 42.000 dollarë ua dha familjes së një terroristi i cili në një atentat kishte vrarë dy persona e plagosur dy të tjerë njëri prej të cilëve një fëmi 2 vjeçar. ALP ankohet për gjendjen ekonomike në *West Bank* e ndërkohë u jep nga 3- 7 milionë dollarë su çmime terroristëve e familjeve të tyre. Ja se çfarë kanë të drejtë të marrin terroristët: nga 3-5 vite burg 500 euro në muaj, nga 20-35 vite burg 2.400 euro.

Nëse terroristi është i martuar ka një shtesë prej 75 euro; nëse është qytetar izraelian 120 euro më shumë. Dhe princi Abdullah e Arabisë Saudite financojnë e paguajnë terroristët me qindra e qindra milionë dollarë e bile kanë krijuar një Telethon për "marrirët" palestinezë. Edhe IIRO financon Hamasin në territoret, plus terroristët e përveçëm e familjet e tyre. Me ironi Abu Abbas u ankua me sauditët pasi princi Nayef financonte "rivalët" e Hamasit. Në 2003 60% e buxhetit të Hamasit vinte direkt nga Arabia Saudite plus dhe ng donacione të huaja perëndimore, bile dhe nga SHBA. Skuadra futbolli e shkolla u hanë dedikuar terroristëve. Palestinezët tregojnë gjithmonë gjepura; simboli i nacionalizmit arab, Gamal Abdel Nasser ka dhënë këtë intervistë për një gazetë gjermane: *"Askush, as njeriu më i padjallëzuar beson në gënjeshtrën se qenkan masakruar 6 milionë hebrej"*.

Në tv dilte Topolinua pro palestinezë Farfur, që bënte thirrje për atentate terroriste kundër hebrejve. Në një episod të qershorit 2007 *Farfur* ishte rrahur për vdekje nga një ushtar izraeliam ndërsa mbronte xhaminë e Al-Aqsës. Atëherë në video një vajzë 3 vjeçare thoshte: *"Nuk na pëlqejnë hebrejtë pasi janë qenër. Do ti luftojmë".* I bëhet krah e zëvendësohet pastaj nga një tjetër personazh, bleta Nahul, e cila do të vdesin në mënyrë dramatike në një tjetër episod padi nul mund ta shtrojnë në spital,për shkak të pushtimit izraelian.

Në shkurt 2008 pas vdekjes së kukullën Farfur programi për fëmijë *"Pionerët e se nesërmes"* I tv të Hamasit në Gaza ka futur një tjetër personazh multiplikativ, një lepurush, Assud që merr lajmin e vrasjes *"si martir"* të vëllait Nahul e prezantuesja e re Sara e siguron "Ne do lirojmë xhaminë e Al-Aqsës nga qelbësirat sioniste". Assudi thotë *"Unë Assud do zhdukë hebrejtë e do ti ha, nëse Allahut do ti pëlqej"* dhe një vajze do o thotë se *"hebrejtë janë krijesat më të këqija, majmunët barbarë, derra të qelbur".*

Në tv e Hamasit, *Al-Aqsa TV* në 18 prill 2008 flisnin përçart kur thoshin se holokausti në realitet ishte *"një komplot Sionist për tu liruar nga hebrejtë handikapatë e psraplegjikë"* e për të fituar simpatinë e botës *"duke krijuar idenë se hebrejtë ishin të persekutuar".*

Në *Memri tv* organizatë që përkthen në anglisht shtypin arab e musulman, të pafajshëmve fëmijë palestinezë u thuhen fjali si *"unë do të qëlloj kundër hebrejve"* ose *"hebrejtëe kristianët janë inferiorë".* Por ç'mund të thonë fëmijëtkur të mëdhenjtë tërbohet dhe më shumë? Në një intervistënë *Al-Aqsa* në 9 prill 2008 ministri i kulturës I Hamasit Atallah Abu Al-Subh, deklaroi: *"protokollët e Sionit janë baza e fesë që çdo hebre mban në zemër".* *Memri tv* u propagandoi një lumë me gënjeshtra palestinezëve në 20 korrik 2010:

"Të dashur, xhamia Al-Aqsa po i nënshtrohet një fushate hebreizimi e njollosjeje nga ana e krijesës më të poshtër të Allahut, hebrejtë (...) Sot shikojmë vëllezërit e majmunëve e të derrave që

shkatërrojnë shtëpitë me banorët brenda, që shkulin pemët nga toka e tyre, që vrasin gra, fëmijë e të moshuar (...)". Në të vërtetë do të tregojmë e shikojmë krejt të kundërtën.

Karta palestinese... këndon

Le të lëmë të flasin dokumentet zyrtare të organizatave palestineze e të formacioneve palestineze (d.m.th terroridtë). Karta e OLP-SË e 1964, sjo e 1968 e vlefshme deri më sot, tregon objektivin e organizatës *"zhdukjen e shtetit izraelian"*. Në një letër të 23 janarit 1998 të dërguar presidentit Klinton, Arafati jepte fjalën se ajo pjesë do të hiqej. Por nuk ndodhi. Ajo pjesë është akoma prezentë. Me të njëjtën hipokrizi të njëjtën fitë që Arafati firmosi Deklaratën e principeve në Shtëpinë e bardhë në 1993 duke përdorur fjalë paqësore, më tv Jordan sulmoi: *"Meqë nuk mund të mundim Izraelin me luftë duhet ta bëjmë me etapa të ndryshme. Do marrim të gjitha territorët e Palestinës që do mundemi,do vendosim sovranitetin tonë e do ti përdorim si bazë për të marrë sa më shumë. Kur të vijë dita do të bashkohemi me shtetet e tjera arabe për sulmin final kundër Izraelit"*.

Si gjithmonë i pabesë.

Por si lindi Olp-ja? Në janar 1964 Lidhja arabe e mbledhur në Kairo nën drejtimin e Nasserit vendosi të krijonte një organizatë të bashkuar të palestinezëve. Pas një viti, në 20 maj, 423 eksponentë të komunitetit arab krijuan OLP së bashku me një forcë të armatosur, ushtrinë për lirimin e Palestinës. Po historia më pak e njohur, cila është?

Jon Mihai Pacepa, ish shef I shërbimit sekret rumun, në librin The Kremlin Legacy tregon se në 1964 u thirrën për një mbledhje të KGB në Moskë *"për të vendosur luftën kundër Izraelit që konsiderohej aleat I perëndimit në kuadrin e luftës së ftohtë"*. Tamam atëherë u krijuan si populli palestinez si lufta e tij e çlirimit, si shumë të tjera të krijuara gjatë viteve 60 e 70 nga BRSS. Hyrja e kartës bekoi kështu "palestinezët" që deri atëherë nuk ishin thirrur kurrë në këtë mënyrë, përjashtuar faktin për të identifikuar hebrejtë. Shërbimet sekrete siriane prezentë donin që lider të zgjidhej njeriu i tyre Ahmed Shukairy (që ishte dhe agjent i KGB) e që fitoi mbi Yasser Arafatin. Me kalimin e kohës doli që nuk ishte i përshtatshëm për të krijuar Çe Gevarën e ri iu preferuar Arafati,mjekra e veshja e të cilit u pëlqente më shumë të rinjve.

Në një artikull të *National Review Online*, ish spiuni tregon: *"Siç më tha presidenti i KGB, Yuri Andropov, një miliardë kundërshtarë do ti bënin një dëm më të madh Amerikës se sa mund të bënin pak milionë. Kishim nevojë të përhapnim një urrejtje kundër hebrejve nën stilin e nazistëve në të gjithë botën islamike e të trasformonim armën e emocioneve në një banjë gjaku kundër Izraelit... Antisemitismi arab ecën shpejt. Musulmanët duan nacionalizmin, shovinizmin e viktimiologjinë. Turmat e tyre analfabete e të shtypura mund të shtyhen deri ku s'mban më..."* E akoma:

"Nga mezi i viteve 70, KGB ja urdhëroi shërbimin tim,DIE, së bashku me të tjetë të Evropës lindore, të kërkonim nëpër atdhe aktivistë të besuar të partisë, që u përkisnin besimeve musulmane për të shpërndarë urrejtjen shekullore kundër hebrejve që ndihet në atë anë të botës".

Sa u gjetën atëherë

"Sipas një llogarie të përafërt të bërë nga Moska në 1978 blloku komunist kishte dërguar rreth 4000 agjentë në botën islamike.Në mes të viteve 1970... kemi përhapur dhe një dokument fallco, të bërë nga KGB -ja, në arabisht, sipas të cilit Izraeli dhe aleati i tij më i madh, SHBA-ja ishin vende sioniste me një qëllim të vetëm, të kthenin botën arabe në një koloni hebraike".

Mohammed Yasser Abdel Rahman Abdel Raouf Arafat al-Qudwa Al-Husseini, I njohur nga të gjithë si Yasser Arafat ishte fëmija i pestë në një familje prej shtatë fëmijësh babai i të cilëve ishte një tregtar stofrash e lindi në 24 gusht 1929. Sipas vetë Arafatit e disa të dhënave na paska lindur në Yeruzalem. Biografi francezë Christophe Boltanski e Jihan El-Tahri kanë treguar se në të vërtetë ka lindur në Kairo, në Egjipt dhe aty është regjistruar çertifikata e tij e lindjes. Dhe shoqëria akademike palestineze për studimin e Punëve internazionale si vend lindjeje jep Kairon. Por që Arafati të mund të drejtonte OLP-në duhej të ishte palestinez për këtë qëllim KGB e instruktoi në shkollën e saj të operacioneve speciale në Balashikha, periferi e Moskës. Tregon akoma Pacepa që të mos harrojmë ishte një oficer me gradë shumë të lartë I shërbimeve në ish bllokun komunist e kishte pasur më dorë fashikullin e Arafatit:

"KGB prishi dokumentet që dëshmonin se Arafati kishte lindur në Kairo e I zëvendësoi me dokumente fallco në të cilat figuronte sikur kishte lindur në Jeruzalem d.m.th i lindur palestinez". Vazhdon më tej: *"Departamenti i dizinformacionit i KGB u vu në punë mbi traktin prej 4 faqesh të Arafatit të quajtur "Falastinuna", (Palestina jonë) dhe e trasformoi në një revistë mujore prej 48 faqesh për organizatën terroriste Al-Fatah. Arafati ishte në krye të Al-Fatah që nga 1957. KGB e shpërndau në të gjithë botën arabe e në Gjermaninë lindore padi në atë periudhë atje kishte shumë studentë palestinezë".* Në 1969 KGB I kërkoi Arafatit ti deklaronte luftë *"imperialsionizmit amerikan"*gjatë mbledhjes së parë të Terrorizmit të zi International, një organizatë neofashiste filo palestineze e financuar nga KGB e nga Moammar Gheddafi.

Nuk dimë se çfarë mendonte BRSS për këtë fakt si dhe për librin *"Komunizmi në Izrael"*- i botuar nga AIC në 1958 pak para kthesës së Madhe mbi çështjen izraeliane nga pala sovjetike- antizraelianët mburreshin me faktin që të gjitha vendet arabe condideronin ilegale partinë komuniste e që shteti i vetëm i lindjes së Mesme që nuk e konsideronte jashtë ligjit ishte Izraeli...

Midis të gjitha fletushka që shtypeshin nga AIC ka interes për ne ajo e 1960 e quajtur *"Immigration to Israel: a threat to peace"*, ku mund të lexojmë:

"Sot nëpërmes terrorizmit e kërcënimeve sionistët duan të shtojnë territorin e tyre bile dhe në sajë te emigracionit... Arabët shikojnë emigrantët (hebrej) të Evropës lindore si një element të rrezikshëm për përhapjen e komunizmit në Lindjen e Mesme. (...) Eksperienca të kohëve të fundit kanë shumëfishuar rrezikun e perversionit komunist dhe rrezikun që ku përfaqëson për Shtetet Arabe". S'mund të komentohet.

I mbani mend fedainët? Që nga fillimi i 1965,duke i imituar, militantët e organizatës së re filluan sulmet terroriste edhe pse rezultatet nuk ishin stabile.

Nëpër vite Arafati do shfaqet si një i dhunshëm, partizan i idesë armatosemi e nisuni. Për shembullnë 26 janar 2002 foli në favor të atentateve vetëvrasëse: *"Populli palestinez nuk trembet nga tanket e nga aeroplanët izraelianë: 1 milionë martirë janë gati të marshojnë drejt Jeruzalemit"*. Për vete rrinte në shtëpi e bënte sehir. Në 5 shkurt 2002 përpara gazetarëve izraelianë, duke hapur një dritare e duke treguar një tank izraelian tha: *"E shikoni? Sa mirë sikur të qëllonte këtë zyrë. Më në fund unë do vdisja si shahid (martir)"*. Ama vdekjes I ndenji gjithmonë larg. Në 29 mars 2002 në Al-Xhaxira deklaronte:

"I lutem Zotit të bëhem martire, martir, martir! Nuk jam më imirë nga çdo fëmijë palestinez që ka dhënë jetën për çështjen tonë". Dhe për faj të tij OLP-ja ka martë vendime të gabuara (që u thanë barkun palestinezëve), si atëherë kur mbështeti Irakun kundër Kuvajtit duke humbur kështu mbështetjen ekonomike të Arabisë Saudite e të Emirateve plus përzimin e qindra mijëra palestinezëve nga Kuvajti. Të ardhurat e familjeve në territoret e pushtuara (rreth 400 milionë dollarë më vit) u përgjysën.

OLP-ja duhej të bashkonte të gjithë arabët, ama si Jordania, ashtu dhe Siria ngritën pretendime për territorët e kryen masakra kundër palestinezëve në 1970 me Shtatorin e Zi e në 1983 në luginën e Bekës e në Tripoli.

Hamasi është krijuar në 9-10 dhjetor 1987 e në arabisht do të thotë entuziazëm, kurajo e është dhe forma e shkurtër e *"lëvizja e rezistencës islamike".* Le të shikojmë jë për një minierën e gjepurave, ose kartën e Hamasit.

Neni 22 flet përçart mbi pushtetet që mbrojnë armikun që "qëndronin pas Revolucionit francez e Revolucionit rus e mbas shumë revolucionesh të tjera që kanë ndodhur në botë... Këto organizata janë masoneria, *Rotary club, Lions Club, B'nai B'rith* e të tjera". Gjepura!

Por kulmi i absurditeteve arrihet kur sipas dokumentit armiqtë e Hamasit paskan krijuar *"Organizatën e Kombeve të Bashkuara me Këshillin e Sigurimit brenda kësaj organizate me anë të së cilës dominojnë botën".* Bëhet fjalë për të njëjtat organizata që vendosin sanksione vetëm kundër Izraelit.

Neni 32 vazhdon :

"Skema sioniste nuk ka kufij e pas Palestinës do kërkoi të përhapet nga Nili deri në Eufrat". E vërteta është tjetër dhe tregohet nga fakti se Izraeli është tërhequr vazhdimisht nga

një numër i madh territoresh. Nuk është vështirë të kuptohet...edhe ata mund ta arrijnë...(ndoshta).

Hamasi e ka origjinën te vëllezërit musulmanë, gjatë intifadës së parë,e ka fituar rol me terroristët kamikaze që sulmojnë duke bërtitur *"vetëm Jihad mund të zgjidhi problemin palestinez"* dhe nga citimet pa kuptim të Protokolleve të Sionit. Në fletushkat e tij lexohen budallallëqe si *"hebrejtë janë vëllezër të majmunëve e vrasës së profetëve"*. Të mos harrojmë se Hamasi është sunit e megjithatë që nga 1992 financohet nga Teherani me një buxhet prej 10 milion dollarësh për një radio e tv për ti folur botës arabe kundër hebrejve. Reklutat e Hamasit formohen në kampin e Imam Ali, në Karanxhi, afër Qom e në Beit al MaKder edhe ky afër Qomit.

Hezbollahu është një grup politik e ushtarak, shiitë me bazë në Liban. Le të shikojmë dhe ndryshimet grafike për të kuptuar nga cila anë qëndron dhuna. Stema e Hamasit ka dy shpata, ajo e Hezbollahut ka një pushkë, ajo e *Al-Fatah* ka gjithashtu armë dy pushkë. Po stema e Izraelit? Dy degë ulliri...

Por çfarë kanë bërë nëpër vite palestinezët? Midis 1968 e 1977 kanë rrëmbyer 29 aeroplanë e janë të parët që kanë sulmuar aeroplanët e linjave me armë të lehta e me raketa, kanë hedhur në erë aeroplanët me detonatorë kohe ose lartësie kanë vrarë civilët tek çek-ini e në sallat e pritjes në aeroporte, kanë sekuestruar në hotele shumë persona, kanë helmuar ushqimet izraeliane (portokallet izraeliane që shiteshin në tregun evropian).

Të mos harrojmë dronin vetëvrasës së Hamasit një raketë e madhe që arrin të mbulojë 250 km distancë ose faktin që terroristët arrijnë të qëllojnë me 140 raketa në pak minuta, me qëllim që Iron Dome, për të cilin do flasim më vonë, të mos arrijë ti bllokoi dot. Në 2021 raketat e përdorura kundër Izraelit kanë qenë rreth 4.500 të lëshuara nga Gaza, 2 nga Siria e 31 nga Libani.

Për fat të mirë 90% e tyre janë bllokuar nga Iron Dome. Me raketat Kornet arritën të qëllojnë një autobus. Viktimat ishin civilë. Ayyash-ët e prodhuar me ndihmën e iranianëve arrijnë deri në 500 km. Hamasi përdor, pa pasur turp, zonat banuese di baza, fsheh armët në shkolla e xhami, përdor spitalët e ambulancat si mjete transporti, përdor kafshët si kamikazë,ndërton tunele për tu futur në Izrael e për të kryer atentate. Nga 2001 drejt Izraeli janë hedhur 12.800 raketa.

Çfarë mendojnë antiushtarakët nëse vetëm një raketë *Qassam* kushton 800 dollarë?

• • • •

Arafatit, lideri i korrupsionit arab

Është një lojë fjalësh në italisht, por që pasqyron të vërtetën pasi ndërsa populli vdes urie, liderët e ata që kanë pranë, jetojnë në lluks në saj të korrupsionit. Gazeta kuvajtiane Watan ,në sajë të një të dhëne nga filiali i bankës arabe Kairos, tregoi se në 2002 në llogarinë personale të Arafatit mbërritën nga U.S Aid Fund 5,1 milionë dollarë. Arafati kishte investuar shifra të mëdha në aksionet e Koka Kolës në *Ramallah*, kishte blerë aksione të një shoqërie telefonike celularësh tunizine,më shumë se 15% të aksioneve të *Jordanian Cement Company*, fonde kapitalesh në SHBA e në ishujt Kaiman. FMI ka hetuar mbi ALP e ka zbuluar se Arafati ka hedhur 900 milionë dollarë fonde publike në një llogari speciale e kontrolluar nga ai e nga shefi i ekonomisë i ANP. Li qëndron çudia? Jo kot në 2003 revista amerikane Forbes e vinte Arafatin në vendin e gjashtë në klasifikimin e miliarderëve në kategorinë "*mbtetër e pushtetorë*"- për të kuptuar më mirë qëndronte vetëm 2 vende më poshtë mbretëreshës se UK- me një pasuri personale prej 300 milionë dollarësh.

Në të vërtetë ishin më shumë (rreth 1 miliardë dollarë). Një e treta e kësaj shume në të holla e shpërndarë midis Gjenevës, Qipros, Beirutit, Dubait, Tunizisë e Amman. Shefi i hetimit i ANP ka denoncuar se "*megjithëse paratë për llogarinë vinin nga fondet publike si taksat palestineze, në të vërtetë asgjë nuk u përdor për popullin palestinez; çdo gjë ishte nën kontrollin e Arafatit. Asnjë prej këtyre raporteve nuk është publikuar*". I madhi I OLP-së u shpërndau fonde dhe funksionarëve të lartë për nevoja personale, si 50.000 dollarët për martesën e vajzës së ministrit Nabil Amar, dyfishimin e shpenzimeve për mbajtjen e djalit të ministrit Nabil Amar që studionte në Francë e 100.000 dollarë për z/v shefin e formacionit që po ndërtonte shtëpi.

Ishin ndihma të huaja të dërguara për palestinezët e varfër, të mos ta hartojmë. Agjenti i më lartë rumun tregon se në mënyrë të rregullt i ka dorëzuar 200.000 dollarë çdo muaj ,në vitet '70; dërgonte gjithashtu çdo javë dy aeroplanë në Beirut me uniforma e ushqime.

Në 2004 Suha, gruaja e Arafatit ka marrë nga ALP, në këmbim të bashkëpunimit të saj në hetimin e hapur kundrejt të shoqit, një pension të lartë e 22 milionë dollarë. Pak më I kujdesshëm...njeriu që vesh këpucë që kushtojnë 25.000 dollarë, ose Abu Mazen. Aeroplani i tij kushton 50.000.000 dollarë e është blerë me financimin e ALP. Pallati i tij kushton 17 milionë dollarë. Mahmoud Abbas ka më shumë se një miliardë dollarë si pasuri dhe kuptohet atëherë pse ka nërë të pamundurën për të mos organizuar zgjedhjet. Në këtë mënyrë mandati i tij prej 4 vitesh zgjati 17 vjet deri në mars 2022!

Po të tjerët? Ndoshta dhe më keq. Abu Ala ka ndërtuar një vilë në Gerico për 1,5 milionë dollarë. Një faturë e marrë nga *Jeruzalem Post* tregon se ministri i Punëve të Jashtme i ANP, Riyad Al-Maliki e shefi i sigurimit Majed Farai në marsin e 2018 kanë qëndruar në *Hotel Four Seasons* në *Baltimora* e kanë shpenzuar 14.250 dollarë.

Llogaria është paguar nga delegacioni i OLP në SHBA.

MMidis shpenzimeve të Farajt 900 dollarë janë për " shpenzime të ndryshme" (kushedi se ç'janë...), plus shumë darkash e drekrash në dhomë, plus 140 dollarë për mëngjesin e një snack nate- I çuar në dhomë e që kushtonte 91 dollarë. Hajde uri!!

Në korrik 2014 revista egjiptiane Rose al-Yusuf ka denoncuar se ish- kryeministri Ismail Haniyeh i Hamasit i lindur në kampin e refugjateve Shaty, ka paguar 4 milionë dollarë për një shtëpi prej 2.500 metra katrorë në Rimal, lagje luksoze mbi det në Gaza City; për të mos treguar gjë shit-blerja u bë nga një tjetër familiar.

Një tjetër djalë i tij u ndalua në Rafah me një valixhe me 1 milion dollarë në të holla. Ayman Taha, një nga themeluesit e Hamasit nuk kursehet kur bëhet fjalë për mënyrën e tij të jetesës: në 2011 bleu një vilë tre katëshe në qendër të Gazës për 700.000 dollarë.

Kritikat nga shtypi për këto probleme Hamasit i erdhi jo nga shtypi perëndimor, por nga gazetarja egjiptiane Jaled Mash 'al: *"Dilni nga hoteli juaj në Qatar e hajdeni të luftoni në Gaza. Nuk do vdesim urie ndërsa ju ngopeni me ushqime të zgjedhura në Qatar".*

Në një artikull të titulluar *"Gaza nuk është Hamas"* I botuar nga gazeta e njohur Al-Gumhouriyya gazetarja Nagla Al-Sayyid e ka quajtur Hamasin edhe për korrupsion, një *"lëvizje e përbërë nga budallenj e të dështuar"*.

Për këtë motiv sondazhet e dhjetorit 2020 tregojnë se 86% e personave mendojnë se institucionet e ANP janë të korruptuara e shumica (66%) e palestinezëve kërkon dorëheqjen e Abbasit.

Dhe kjo ndodh kur palestinezët e rrjedhë vdesin nga uria ose nga mungesa e kurave; është dramatike fakti që firma e një mjeku ose ajo e autoriteteve shëndetësore janë gjëja më e çmuar në Çisjordani e në Gaza, pasi kjo firmë u jep mundësinë pacientëve të kurohen gratis në Izrael ose në vende të tjera; ndryshe palestinezët nevojtarë për të marrë këto firma vetëm duke paguar shuma të larta funksionarëve lokalë në Çisjordani e në Gaza. Kush nuk ka mundësi të paguajë lihet të vdesë në spitalet e prapambetura e me pak personel, si ato të Gazës për shembull. Duket se më shumë se 60% e transferimeve në spitalet izraeliane (e në shtete të tjera) nuk janë të dokumentuara e nuk është e qarte si e ku janë shpenzuar paratë. Në 2013 p.sh, ANP ka shpenzuar më shumë se gjysmë miliardë shekel për të mbuluar shpenzimet mjekësore të palestinezëve që janë transferuar në spitale jashtë territorit palestinez, por nuk është e mundur të shikohet si ė kush i ka shpenzuar. ANP thotë se në 2014 më shumë se 54.000 palestinezë të Gazës janë transferuar në spitale jashtë Gazës, por autoritetet shëndetësore të Gazës thonë se njohin vetëm 16.382 raste pacientësh që kanë marrë lejet e nevojshme për këto transferime. Koalicioni palestinez për përgjegjësinë e integrimin (*Aman*), një grup palestinez aktiv në sektorin e demokracisë, të të drejtave njerëzore e të qeverimit të mire,d.m.th kundër korrupsionit, ka publikuar një raport në të cilin vë në dukje diferencat në vlerën e kurave në Izrael (e në spitale të tjera) e shpenzimeve reale. Në një rast, p.sh ka dalë se 113 paciente palestinezë ishin shtruar në spitalet izraeliane e kurat kushtonin 3 milionë shekel, por asnjë dokument nuk e konfirmonte, bile dhe identitetet e pacientëve nuk njiheshin. Më raste të tjera, sipas këtij raporti, pacientët mund të kuroheshin shumë mirë në vend pa shpenzuar shifra të larta për ti transferuar në spitale të tjera.

Najat Abu Baker, anëtar i këshillit legjislativ palestinez që i përket *Al-Fatah*, fraksion i presidentit të ANP Mahmoud Abbas, ka kritikuar korrupsionin në gjirin e departamentit të ALP që merret me transferimin jashtë shtetit të pacientëve di një organizim "mafioz i drejtuar nga persona të fuqishëm" dhe ka akuzuar ministrinë për shfrytëzimin e rezidentëve pa mjete jetese në Gaza e për shpërdorim të të ardhurave publike. Atë që ANP nuk e do për këta qytetarë palestinezë e bën Izraeli që ka kuruar – jo vetëm sirianët e plagosur nga Assadi e të shtruar në spitalet izraeliane, ose të sëmurët e Gazës - por edhe familjarët e personave të pamenduar.

Gjatë Intifadës kur Hamasi vriste me mijëra civilë izraelianë, në 2012 vajza 3 vjeçare e ministrit të punëve të brendshme të Hamasit, Elham Fathi Hammad, ishte operuar në zemër, në Amman, pa sukses, u çua në spitalin Barzilai në Ashkelon në gjendje të rëndë e u shpëtua nga mjekët izraelianë. Në nëntor 2013 i njëjti trajtim ë izraeliane u bë dhe për mbesën 17 vjeçare të Ismail Haniyeh, lider i Hamasit; Amal Haniyeh u transferua në një spital izraelian për një infeksion të rëndë të aparatit tretës që kishte prekur dhe sistemin nervor dhe u bë e pamundura për ta shpëtuar. Bile dhe vajza 13 vjeçare e Ismail

Haniyeh u kurua në një spital në Tel Aviv në tetor, vetëm pak javë pas mbarimit të konfliktit në verën e 2014, për probleme të krijuara pas një operacioni të thjeshtë në Gaza. Edhe gruaja e Abu Mazenit është operuar - edhe pse i vazhdon të thotë se izraelianët janë vrasës. As vetë nuk besojnë në ato që thonë!

Një shembull tjetër tregon se ç'është Izraeli. Gjatë Intifadës së dytë, Arieh Eldad, dermatolog i njohur e më vonë parlamentar I dënueshëm djathtës në Knesset, kur I çuan një terrorist të ri, I djegur rëndë gjatë një atentati, vendosi ta mbante në kurë me afat të gjatë për të kryer trapiantet e lëkurës.

Kur administrata e spitalit i kërkoi të pushonte kurën, Eldad çoi krevatin në zyrën e drejtorit e u bë gati për sit in. Ja seç ndodh, jo gjithmonë ama, në demokracitë e vërteta.

Kapitulli 4 – Mbrojtja (jo) legjitime

Izraelian, kurajo... le të të vrasin!

Si i përgjigjet Izraeli kësaj urrejtje të madhe? Me elipsin e artë të raketave Kippat barzel, kupolën e hekurt ose të ashtuquajturën *Iron Dome* I krijuar në 2007; një sistem shumë i sofistikuar mbrojtjeje në shërbim të civilëve izraelianë. Në dallim me Hamasin kur IDF u përgjigjet sulmeve palestineze merr masa duke telefonuar në shtëpi e duke dërguar mesazhe kur janë duke arritur raketat, lëshon *"bomba paralajmërimi"* e fletushka si dhe mesazhe në arabisht; heq dorë nga sulmi kur shikon se në rrethana ka civilë edhe pse në këtë rast aeroplani izraelian rrezikon të qëllohet nga objektivat. Përdoret gjithashtu dhe *roof-knocking*, një raketë paralajmërimi e parrezikshme, por që bën shumë zhurmë, me qëllim që të lejojë, para mbërritjes së raketave të vërteta, largimin e civilëve; në të gjitha rastet përgjigjet izraeliane përpiqen të jenë gjithmonë milimetrike.

Vjen pastaj asistenca shëndetësore, nëpërmjet ofrimit mjekëve palestinezë të ilaçeve e aparateve mjekësore për të sëmurët e të plagosurit palestinezë edhe pse aparteidi palestinez... kundër qytetërimit shpesh i refuzon.

Kryqi i kuq izraelian (MDA) ka vënë në dispozicion qeska me gjak e me plazmë, por edhe në këtë rast, pa pasur turp, Hamasi ka kundërshtuar.

Vetë në 2020 Izraeli ka mundur të transferojë (së bashku me materialet e organizatave ndërkombëtare) 110 aparate për frymëmarrje, 170 monitorë, 109 gjeneratorë oksigjeni, 87 vende në terapi intensive, 86 vende në spitale, 2.313.050 maskera kirurgjikale, 312,724 maskera N95, 6.967.823

dorashka kirurgjikale,248.544 kite PCR e 244.500 kite për teste.

Ushtria izraeliane ka ngritur spitale në kufirin me Gazën, ku kuron të plagosurit palestinezë brenda 48 orëve; ka transferuar me ambulanca me qindra palestinezë në spitale për ti kuruar.

Të mos harrojmë se kur ushtria izraeliane ishte e ngarkuar me detyrën e pastrimit të kampit të Jeninit nda terroristët mbajti në aktivitet të plotë spitalin me anë të një gjeneratori të sjellë nën zjarrin e armikut, nga një oficer që rrezikoi në këtë mënyrë jetën e tij. Izraelianët lejuan kalimin e materialeve për ndërtimin e një spitali në Kalkilya ose ushqime e ilaçe për në Betleme, Muassi e Khan Yunis; kanë ndihmuar shpërndarjen e triskave të dërguara nga një organizatë ndërkombëtare mirëbërëse, banorëve të Azoun ose ato të Kryqit të Kuq në Salfit; kanë mundësuar kalimin në Kalkilya të një familjeje arabe izraeliane që shkonte në martesën e djalit.

Si mund ti përgjigjemi refrenin palestinez të shpërndarë nga shtypi botëror mbi "përdorimin *e një forze të tepërt*" nga ana e Izraelit?

Këta profesionistë të "*lajmeve*" të shkëputura nga faktet hartojnë të thonë se kur kërkohet "raporti" në kodin e luftës nuk bëhet fjalë për numrin e të vrarëve,por për rëndësinë ushtarake të objektivit.

Natyrisht ndodh që izraelianët mund të bëjnë më shumë viktima se armiqtë e tyre,por është legjitime dhe e kuptueshme në disa raste; le të shpjegojmë përse.

Nëse një objektiv që fsheh rreziqe të mëdha, për të evituar vdekjen e civilëve që unë mbroj,jam i autorizuar nga ligjet në fuqi-ta qëlloj edhe pse kjo do të shkaktojë vdekjen e civilëve të tjerë. Le të lexojmë se çfarë thotë neni 51 i Protokollit të parë të Marrëveshjes së Gjenevës e 1977: sipas tij është e ndaluar vetëm

"kur një sulm që pritet mund të shkaktojë humbje në popullsinë civile, dëme në objektivat civilë, plagosje midis civilëve ose një kombinim të sa thënë më lart të vlerësuar si të tepruar në raport me avantazhin direkt ushtarak që pritet". Ndoshta për këta zotërinj, Izraeli duhet të lejojë që vriten qytetarët e tij për të mbrojtur palestinezët? Kur terroristët hedhin në erë një qendër tregtare në Izrael e shkaktojnë qindra e qindra viktima izraelianët do duhet ti imitojnë duke përdorur forcën me të *"njëjtin raport"* në një qendër tregtare palestineze?!?

Duhet ditur se kur turma sulmon policinë izraeliane e ushtarët këta të fundit- në maksimum- janë të autorizuar nga ligjet e brendshme të përdorin plumba gome e vetëm kur rrezikojnë jetën, mund të përdorin plumbat e vërtetë.

Ndërsa nga ana tjetër palestinezët përdorin mortajat e raketat anti-tank edhe pse në bazë të marrëveshjes së Oslos armët e vetme të lejuara në zonat e kontrolluara nga palestinezët janë pistoletat,pushkët e mitralozët që mund të mbahen vetëm nga oficerët e sigurisë.

Izraeli bën çdo gjë për të krijuar një zonë të sigurtë në kufijtë e tij pasi më shumë se 2 milionë arabë jetojnë në Çisjordani nëpër qytete e kampe; d.m.th shumë afër Tel Avivit e Jeruzalemit. Një aeroplan që niset nga Ammani arrin në Jeruzalem në 2 minuta e gjysmë! Që nga vitet 90 shteti është detyruar të blindojë shtëpi,shkolla, stacionet e autobuzit me beton e dhoma të forzuara; ka paisur familjet me kit anti raketa, një volum i madh në të cilin jepej udhëzimet praktike e psikologjike për të ditur si të sillen gjatë sulmeve me raketa. Pa harruar bunkerët në zonat në kufi me Gazën, të cilët i kanë evituar popullatës sulmet e Hamasit; e gjithë kjo ka pasur një vlerë shumë të lartë, disa miliarda dollarë, por duhej bërë.

Sot jetojmë në paradoksin sipas të cilit Izraeli është "fajtor" pasi mbron popullatën civile, ashtu siç kërkojnë ligjet ndërkombëtare, ndërsa Hamasi bëhet "viktimë" edhe pse i shkel këto ligje. Kjo është

Është e qartë për të gjithë, përjashtuar tellallët antizraelianë në të gjithë botën se Hamasit nuk i intereson jeta e palestinezëve; që nga 2007 në Gaza, përdor civilët e pafajshëm si mburoja. Ministri (i ardhshëm) i Punëve të brendshme Fathi Hammad, që në 29 shkurt 2008 kishte pranuar se pjesa më e madhe e të vrarëve në luftime ishin terrorristë, jo spektatorë e se Hamasi i kishte përdorur civilët si mburoja.

Organizata terrorriste vendos strukturat e saj ushtarake në zonat me dendësi më të lartë banimi e ky është një krim lufte pasi vë në rrezik popullatën e pafajshme.

Le të shikojmë dhe një herë se çfarë thotë marrëveshja e Gjenevës në nenin 28: "*Prezenca e popullatës civile nuk mund të përdoret për të kthyer vende e zona të caktuara imune nga operacionet ushtarake*".

Neni 58 i protokollit 1 të marrëveshjes së Gjenevës i 1977 i nënshkruar dhe nga ANP, konfermon se civilët duhet të largohen nga objektivat ushtarakë ose, këta të fundit, duhen vënë në zona jo shumë të populluara.

Nuk është aspak i vërtetë miti sipas të cilit Hamasi nuk mund ta realizojë pasi Gaza ka dendësi të lartë popullate edhe pse regjimi e përsërit pa fund. Jo vetëm pasi është treguar në mënyrë shkencore se ajo zonë nuk është një ka më të populluarat e planetit, ka vende, sidomos ato ku më përpara gjendeshin vendbanimet hebraike. Le të kujtojmë se pas Oslos Izraeli i ka transferuar të gjithë pushtetin civil ANP, d.m.th mbi 98% të popullatës palestineze të Çizjordanisë e të Gazës.

Akoma dhe një herë tjetër, problemi është nuk ekziston, është fallco, e duke përdorur një neo sinonim mund të themi se nuk është gjë tjetër veçse një problem "palestinez"...

• • • •

Një "mur" me gënjeshtra.

Le të rrëzojmë dhe një tjetër mur gënjeshtrash. Qeveria Sharon në verën e 2002 kishte filluar ndërtimin e një pengesë midis Izraelit e Çizjordanisë për të bllokuar sulmet e terroristëve.

Midis 2000 e 2005 ishin goditur autobuzë, teatre, ristorante,picerie e qëndra tregtare duke shkaktuar 1.400 viktima e më shumë se 6.000 të plagosur, shumë prej të cilëve kishin pësuar invaliditete të rënda,di djegie në të gjithë trupin, humbjen e gjymtyrëve ose probleme nervore.

Qyteti Qalqilya në Palestinë, vetëm 15 km larg Tel Avivit përdorej nga terroristët vetëvrasës për atentatet e tyre. Me të ashtuquajturin "mur" u regjistrua një ulje deri në 99% e akteve të dhunës.

Le të verifikojmë nëse ajo që tregojnë është e vërteta.

Nuk është e vërtetë që është një mur i tëri me çimento (me lartësi që shkon nga 4-8m), bile gjendet vetëm në zonat më të rrezikshme të kufirit midis Izraelit e territoreve (rreth 10%), d.m.th në zonat afër rrugëve ku snajperë palestinezë qëllonin mbi makinat që kalonin. Pjesa tjetër nuk është aspak si thotë dizinformacioni, një rrjetë e elektrifikuar, por një rrjetë mbrojtëse në formë gjarpëri, një barrierë metalike me sensorë elektronik që njoftojnë kur ka tentativa hyrjeje. Sidomos pengon hyrjen në Izrael jo daljen nga territorët palestinezë. Kur u kuptua se barriera përfshinte ose izolonte në rrugën e saj rreth 7% e 11% të territorit arab, siç ndodh vetëm në demokraci, Gjykata e lartë izraeliane ka ndërhyrë shumë herë për të zgjidhur problemin si p.sh në qershor 2004 u vendos spostimi i saj më afër kufirit të vendosur pas luftës së 1967. Vetë palestinezët i kanë drejtuar peticione Gjykatës së Lartë edhe pse nuk janë qytetarë izraelianë e janë dëgjuar duke fituar dhe modifikimin e kalimit në një zonë afër Jeruzalemit. Me kalimin e kohës dhe me modifikimet e bëra barriera zë vetëm 7% të *West Bank* nga ana izraeliane kështu që rreth 99% e palestinezëve që banojnë në ato zona rezultojnë në zonën palestineze të mbrojtjes. E gjithë kjo me qëllim tutelën e fshatrave të tyre e sidomos toka ngelet në pronësinë e pronarëve; përdoret vetëm për qëllim ushtarak mbrojtjeje.

Çdokush mund të përdori rrugët ligjore e Izraeli bën të pamundurën që fshatarët të vazhdojnë të kultivojnë tokat e tyre si dhe garantimin e kalimit të personave e materialeve në siguri të plotë; nga ana tjetër pemët do mbillen në vende të tjera, ashtu siç ndodhi për 60.000 rrënjë ulliri .

Është e qartë se kur do të arrihet në një marrëveshje finale, barriera do të hiqet menjëherë (ashtu si shteti Izraelian ka deklaruar se do të veprojë).

Të gjithë këto masa janë të tepërta pasi – po e përsërisim përsëri- kufiri që ndan Çisjordaninë, Gazën e Izraelin (e ashtuquajtura *Green Line*) është vetëm kufiri i ndalimit të zjarrit i vendosur me armëpushimin e Rodit, i firmosur në Rodi në 1949 nga Izraeli me Jordaninë dhe me Egjiptin, por nuk është një kufi i njohur në nivel ndërkombëtar, d.m.th i mbrojtëshëm.

Scandal i madh "muri" izraelian? Ç'mund të themi atëherë për ata të vërtetë di ai midis Tajlandës e Malezisë i 2006 , ai midis Uzbekistanit e Taxhikistanit i paisur me sensorë e videovrojtim, ai midis Uzbekistanit e Kirgigistanit I vjeshtës 1999 e rrjetës elektrike e ngritur nga Botswana në 2003 mes saj e Zimbabwes? Kini pak durim, pasi lista e mureve – të vërtetë- është e gjatë, shumë e gjatë. Si p.sh uri Rohingya, një gardh me tel me gjemba në kufi me i Bangladeshin i ndërtuar nga Myanmari. Sot në botë ka rreth 70 vende që kanë ndërtuar ose po ndërtojnë, mure e barriera mbrojtjeje. Le të vazhdojmë me listën. India është krijuesja e murit me Pakistanin (*Line of control*), 1800 milje në territorin objekt kontraditash të Kashmirit e të një tjetri me Bangladeshin që nga 1989; është dhe ai i shtatorit 2005 I Pakistanit për të bllokuar mbërritjen e talebanëve e të anëtarëve të Al-Kaidës nga Afganistani (*Durant line*). Më pak i njohur është muri i sigurimit në Quebec, një barrierë rreth 4 km me çimento, tel me gjemba e llamarina i ndërtuar në 2001 për *Summit of the Americas*. Më të njohur janë ata të Ceuta e Melilla të cilit që nga 1990 , në dy zonat spanjolle në territorin e Marokut, me dy rrjeta elektrike e tela me gjemba, të gjata 8 km e 12 km.

Bëhet fjalë për dy radhë të ndara në secilën prej të cilave gjendet një rrugë e kontrolluar ditë e natë dhe e mbrojtur me sensorë elektronikë e telekamera me infrarossi; të dy barrierat izolojnë qytetet nga pjesa tjetër e Marokut. Nga ana e tij Maroku ka ndërtuar një mur me Saharanë Perëndimore i njohur me emrin Berm. Ndërtimi i tij ka përfunduar në 1987, është i gjatë 2700 km e është i përbërë nga 8 muaj mbrojtës të përbërë nga bunkerë, gurë,rërë,tela me gjemba, kanale e nga fusha e minuar më e madhe e botës me rreth 6.000 mina; është muri mbrojtës më i madh ekzistues pas murit të madh kinez. Në 2014 Maroku ka filluar ndërtimin e një muri me Algjerinë. Kemi pastaj murin e njohur midis dy Koreve (i quajtur barriera e paralelit 38).

As Evropa nuk bën përjashtim. Në Irlandën e qytetëruar mund të shihen fare mirë barrierat e Belfastit,me tulla,hekur e çelik për të ndarë lagjet e katolikëve nga ato të protestantëve (*Peace lines*). Në Qipro? Në 1974 ishulli u nda në dy pjesë si rrjedhojë e pushtimit turk, me një mur prej 180 km nga lindja në perëndim. Edhe midis Greqisë e Turqisë është ndërtuar një barrierë prej 40 km për të penguar hyrjen e emigrantëve klandestinë sidomos nga Afganistani. Bile dhe Holanda ka ndërtuar një gardh rreth Hoek van Holland me qëllim që emigrantët ilegalë të mos largohen nga zona e portit. Muri antiklandestinë midis Bullgarisë e Turqisë i filluar në 2014 është një rrjetë metalike prej 30 km me tel me gjemba e telekamera për të bllokuar emigracionin ilegal në Bullgari (i ndërtuar me financimin e komunitetit europian).

Një barrierë e re e gjatë pothuajse 2000 km ishte në plan të ndërtohej në Ukrainë në 2014 kur oligarku Igor Kolomoyski, Governatori i krahinës së Dnipropetrovskit prezantoi një projekt – që do të financohej nga ai vetë- për të bllokuar hyrjen e milicianëve separatistë filo rusë në Ukrainën lindore. Sa aktual është ky lajm...Ç'mund të themi pastaj për Hungarinë që ka dashur një mur të lartë 4 m e të gjatë 175 km kundër refugjatëve nga lindja e nga jugu i botës?

Po në botën arabe? Iraku ka vendosur një me Sirinë, 7.1 tonelata çimento në pjesë të larta 12 këmbë; Egjipti ka ngritur kundër "vëllezërve" palestinezë të Gazës një mur të lartë, me tela me gjemba e një kanal plotë me ujë për tu bllokuar hyrjen. Kemi pastaj atë të 1991 midis Irakut e Kuvajtit; në të njëjtin qytet ekziston muri i Bagdatit i vendosur të nesërmen e rënies së regjimit të Sadam Huseinit nga ushtria amerikane në lagjen Sadr City duke ndarë në këtë mënyrë lagjen shiite nga pjesa tjetër e qytetit. Po është dhe ai i 2006 në Iran në bashkëpunim me Turqinë e kanë filluar punimet për ndërtimin e një muri gjatë kufirit të Haji Omranit, në kufi me Irakun me qëllim bllokimin e sulmeve kurse në territorin iranian. Po murin midis Iranit e Pakistanit të 2007 i gjatë 700 km i ndërtuar për të mbrojtur kufirin nga hyrjet e trafikantëve të drogës e nga ato të grupeve të armatosura sunite e njihnit? Kemi pastaj murin midis Arabisë Saudite e Yemenit (për shkak të luftës civile) e brenda Sirisë ka mure; sauditët kanë ndërtuar një me Irakun në 2006. Turqia ka ndërtuar një në provincën jugore të Alexandrettës që zyrtarisht ishte në Siri: territor pra i pretenduar nga të dy shtetet.

Akoma në 2022 Emiratet Arabe po ngrinin murin që i ndal nga Omani i varfër. Të njëjtën gjë po bën Tunisia duke ngritur murin me Libinë pas sulmit mbi hotelin buzë detit që shkaktoi vdekjen e 38 turistëve të huaj. Kemi pastaj atë më të njohurin midis Meksikës e SHBA-së: 3169 km midis oqeanit paqësor e gjirit të Meksikës për të ndaluar emigracionin. Kush e vendosi? Demokratiku Bill Klinton. Të mos harrojmë atë të Rio de Janeiro i 2008, një mur i gjatë më shumë se 11 km e i lartë 3m i ndërtuar rreth zonave të varfëra (favelas); i ngjan murit të Buenos Airesit i 2009 i lartë 3 m e që ndan lagjet e varfëra nga ato të pasura në zonën e San Isidros.

E kuptoni tani se është absurde kritika kundër Izraelit që përdor një mur – që s'është i tillë në 90% të gjatësisë së tij - jo për qëllime anti emigracion, por vetëm për motive sigurimi kundër atentateve e terroristëve. Bile dhe OKB-ja pas një sulmi terrorist kundër zyrave të tyre në Bagdat, nuk pati probleme të ngrinte një barrierë sigurie prej 21 milionë dollarësh në qendrën e tyre në NY. Po, tamam ata që kritikojnë gjithmonë Izraelin.

Më lejoni të rrëzoj një mur, këtë herë një mur heshtjeje e mohimesh i lidhur me një padi. Në 11 maj 2022, gjatë një ndeshje midis terroristëve e ushtrisë izraeliane u vra Shireen Abu Akleh ,korrispondente palestineze- amerikane e Al-Xhaxirës në Jenin. Për CNN edhe për *New York Times* plumbi ishte pa dyshim izraelian e kjo u pohua pa u kryer asnjë autopsi. Po analiza balistike e plumbit meqë si IDF, si terroristët përdorin M16? Pasi i përdorën të gjitha justifikimet e mundshme palestinezët i dorëzuan Toger gjeneralit Michael R Fenzel (shtet i interesuar pasi viktima ishte dhe qytetare amerikane) një plumb i katandisur aq keq saqë ishte e pamundur çfarëdo lloj analize. Si konkluzion në një konferencë shtypi në Kampidolion e SHBA-së Victor Abu Akleh, nipi i viktimës tha: *"Duam të dimë kush qëlloi e përse"*. Edhe ata e dinë se nuk ka asnjë siguri , megjithë propagandën e bërë nga ata që vuajnë nga "palestite" ose me llogarinë e probabiliteti e bërë nga ushtria izraeliane në 05.09.2022. Abu Akleh punoi 20 vite në ato zona e nuk i ndodhi gjë jo vetëm asaj ,por edhe gazetarëve të tjetë "antizraeliane". Por për gazetarët "asnjanjës" faji është gjithmonë vetëm i Izraelit. Edhe pse pa prova.

Kapitulli 5 - Demokracia e vetme në Lindjen e Mesme

Antiracizëm made in Izrael

"Ne u zgjatim dorën të gjithë shteteve fqinjë dhe popujve të tyre me një ofertë për paqe e për fqinjësi të mirë e u bëjmë thirrje për të ndërtuar marrëdhënie bashkëpunimi e ndihme reciproke me popullin hebre që në mënyrë sovrane jeton në tokën e tij për të mirën e të gjithëve".

Çfarë është?

Është teksti zyrtar i Deklaratës së Kushtetutës së shtetit izraelian (interacial,interfetar i lirë e demokratik). Rreth 21% e më shumë se 9 milionë qytetarëve izraelianë janë arabë; pjesa më e madhe e të cilëve – rreth 83% - janë musulmanë, 9% janë druzë e 8% janë kristianë.

Për të hyrë në detaje populli i Izraelit vjen nga më shumë se 100 shtete (dhe Baha'i, Circassi e grupe të tjera etnike); pothuajse gjysma e popullsisë ka origjinën nga Afrika, Lindja e Mesme e Azia.

Në nivelin kombëtar pothuajse 20% i studentëve në universitet, 35% e farmacistëve janë arabë po kështu gjenden në magjistraturës e në profesionet mjekësore (bëhet fjalë për 12,5 % e mjekëve dhe 11,3% e infermierëve).

Shefët e guxhinës më të njohur në restorantet me yje janë shpesh palestinezë; Sami Tamimi një nga guzhinjerët më të vlerësuar në botë (aktualisht punon në Londër me izraelianin Yotam Ottolenghi e së bashku kanë shkruar bestsellerin e guxhinës Jerusalem) ka qenë shef ekzekutiv në restorantin *Lilith* në Tel Aviv.

Arabët kanë qenë dhe ambasadorë si (në Finlandë Ali Yahya në 1995 ose nën kryetari i bashkisë i Tel Avivit.

Më shumë se 300.000 fëmijë arabë frekuentojnë shkollat izraeliane; në momentin e krijimit të Izraelit nuk kishte as një lice, kurse sot ka me qindra shkolla arabe me një sistem shkollor në gjuhën e tyre. Arabët drejtojnë të gjitha komunat e tyre, shkollat e gjykatat fetare. Në Izrael ka vend për të gjithë: për doktoreshën Suheir Assady, e para grua musulmane që drejton një repart mjekësor në Izrael ose për kolegen e saj Rania el Hativ e para grua arabe që u bë kirurge plastike. Kapiteni i skuadrës së futbollit i Hapoel -Tel Aviv- ? Arab. Majalli Wahabi e komunitetit druz ka qenë *"Acting President"* i Izraelit për pamundësinë kohore të kreut të shtetit. Në 2022, për herë të parë, një gjyqtar musulman u emërua në Gjykatën e Larte (megjithëse nuk është i pari arab izraelian që punon aty); rreth 9% e të gjithë gjyqtarëve janë arabë izraelianë e prej tyre 4% gra. Një gjyqtar i Gjykatës së Lartë Izraeliane-arab- gjatë ceremonisë së emërimit refuzoi të këndonte me kolegët e tij himnin kombëtar: ç' ndodhi atëherë? e pushuan? e pushkatuan? Aspak!!! Bile kryeministri Netanyahu hapur respektoi këtë gjest. Ju kërkoj falje për pyetjen; për kuriozitet sa hebrej ka në territoret e administruara nga ANP? Zero, pasi të ashtuquajturit " kolonë" jetojnë në të ashtuquajturën zonë C e nuk janë qytetarë palestineze. Thuhet se arabishtja është deklasuar si gjuhë në Izrael në 2018. Nuk është e vërtetë! Atë vit Knesset aprovoi të ashtuquajturin ligj mbi shtetin kombëtar, e ky ligj nuk ka prekur të drejtën e përdorjes së arabishtes (që nga gjykatat e deri në parlament). Kjo është një tjetër gënjeshtër.

Më 2022 një anëtar i parlamentit arab izraelian u emërua konsull i përgjithshëm në Shanghai. Në të parën qeveri Sharon ishte një ministër arab,druzi Salah Tarif; në Izrael ekziston një parti jo sioniste e quajtur Maki, një parti komuniste që u nda në dy degë, një për arabët e një për izraelianët. Parti që prezantojnë botën arabo-izraeliane ose vetëm arabe janë p.sh Ra'am, Balad, Hadash, United Arab List, Wamab e Ta'al. Në zgjedhjet e 2021 partiaa Ra'am u bë partia e parë arabe që hyri në një koalicion qeveritar. Arabët kanë 10 vende (në 120) në të 24 Knesset katër prej të cilëve janë të Ra'am. Natyrisht në Izrael s'mund të flitet për racizëm; nëse ecni në rrugët e qyteteve do shikoni me mijëra banorë me ngjyrë që vijnë nga Etiopia, Yemeni e India e nuk janë turistë, por qytetarë izraelianë. Gjatë një sërë urë- ajrore – që pak do i kujtojnë ose do duan ti kujtojnë- të quajtura Moze (1984), Xhozue (1985) e Salomon (1991) Izraeli ndihmoi rreth 42.000 anëtarë të komunitetit të vjetër hebraik në Etiopi që po vuanin efektet e një thatësire të madhe e që kërkonin të iknin. Mbi operacionin Moze William Safire ka thënë:

"Për herë të parë në histori me mijëra zeza zezakë u çuan në një shtet tjetër jo në pranga por me dinjitet, jo si skllevër por si qytetarë". Julius Chambers, atëherë drejtor I përgjithshëm i N.A.A.C.P, fondi i mbrojtjes ligjore e i edukimit thekson:

"Nëse viktimat e krizës së bukës në Etiopi do të kishin qenë të bardhë shumë shtete do u kishin ofruar ndihmë. Por njerëzit vdesin çdo ditë nga uria në Etiopi e në Sudan janë të zinj e në një botë ku racizmi është zyrtarisht i kritikuar e i papranuar nga çdo qeveri e organizuar, vetëm një shtet jo afrikan ka hapur dyert e krahët e tij. Veprimi i heshtur humanitar i shtetit izraelian, veprim i ndërmarrë pa pasur parasysh ngjyrën e lëkurës së personave wë duheshin shpëtuar, ngrihet si një zë I fortë kundër racizmit, një zë më konkret se fjalimet e rezolutat". Duhet shtuar diçka tjetër? Që nga 1957 e deri në 1973 Izraeli jo vetëm ka përgatitur me mijëra afrikanë për ti bërë qytetarë izraelianë, por dhe ka dërguar me mijëra izraelianë në Afrikë. Në majin e

1994 Presidenti i Izraelit, Ezer Weizman u ftua në ceremoninë e emërimit të Nelson Mandela si i pari President i zi i Afrikës së Jugut. Më gjeni një shtet perëndimor ku profili demokratik ka kaqë rëndësi si në Izrael: një pjesë e mirë e shtypit është anti qeveritare (*Haaretz, Yediot, Aharonot* etj). Magjistratura është e pavarur nga politika; një gjyqtar, arab, dënoi me burg për dhunë seksuale presidentin e vendit (Katsav).

Fakti që janë të shumtë politikanët e hetuar, të gjykuar e të dënuar, bile, si ish ministra (Lieberma), ish kryeministr (Olmert) e të afërm (si djali i Netanyahut), tregon se kemi të bëjmë me një shtet demokratik.

Le t'ja japim fjalën një gazetari totalisht i asnjë anshëm, Benjamin Pogrund që ka shkruar librin *Apartheid? Israel is a Democracy in Which Arabs Vote.* Është qytetar izraelian i lindur në Afrikën e Jugut që ka luftuar kundër aparteidit në atdhe. Ja se çfarë na tregon:

"*Para dy vitesh bëra një operacion të rëndësishëm në Jeruzalem; kirurgu ishte hebre, anestezisti ishte arab, doktorët e infermierët ishin hebrej e arabë*".

Kenneth Meshoe parlamentar jug afrikan e lider i *African Christian Democratic Party,* ka vizituar shumë herë Izraelin dhe konsideron akuzat mbi aparteidin një absurditet, gënjeshtra mbi Izraelin e mbi realitetin e vërtetë të aparteidit.

Çdo gjë shkon mirë atëherë? Natyrisht që jo; në territoret gjendja e palestinezëve ndryshon. Pas shpërthimit të intifadës së dytë u bë e nevojshme ndarja e rrugëve ku kalonin arabët me ato ku kalonin hebrejtë; por sulmet terroriste vazhdonin; vlen e njëjta për postet e kontrollit që ngadalësojnë qarkullimin. Izraeli nuk u ka dhënë nënshtetësinë palestinezëve të atyre zonave për të evituar provokacione, d.mth formalizimin e një aneksionit që në realitet nuk ekziston. Ka dallime midis hebrejve dhe etnive të tjera? Po; arabët izraelianë nuk e kanë të detyrueshëm shërbimin ushtarak për të mos të qenë të detyruar të luftojnë kundër vëllezërve të tyre. Vullnetarisht mund ta kryejnë, siç ndodhi në 2020 kur më shumë se 1.000 arabë u bënë pjesë e IDF si vullnetarë ose të thirrur. Gjejmë vullnetarë beduinë në forcat parashutiste; me kërkesën e tyre thirrja për ushtarët ka përfshirë komunitetet druze e çirkase. Le të përqendrohemi në një tjetër pikë, I ashtuquajturi racizëm në shitblerjen e tokave në Izrael. Që nga 1900 Fondi kombëtar Hebraik mori mandatin e Kongresit Sionist Botëror për të blerë në Palestinë tokën e nevojshme për vendosjen e hebrejve e cila iu dorëzua gjatë luftës së pavarësisë qeverisë së vendit.

Në dallim me deklaratat e pavërteta, 92% e të gjithë tokës izraeliane është e shtetit e administrohet nga Enti i trajtimit të tokës. Nuk mund ti shitet askujt, por mund ti jepet secilit në përdorim, pa dallim race,feje e seksi. Pjesa që ngelet prej 8% është pronë e privatëve.

Lexojmë se në 28 korrik 2010,ashtu siç e ka zakon, Abu Mazen kërcënonte: *"Asnjëherë nuk duhet lejuar që izraeliani të jetojë në atdheun tonë pslestinez"*. Kush është racisti?

Ambasadori izraelian në Azerbajxhan George Deek arab izraelian i lindur në Jaffa, tregon në një intervistë me revistën amerikane Tablet për një takim me një gazetar norvegjeze e habitur nga fakti që Izraeli kishte një ambasador arab. I habitur e pyeti: *"Po si jeni izraelian? Nuk jeni arab?!"*

• • • •

Palestinezët kundër: "Arab al-Zibda" e "kremtortëarabe".

Ndoshta Izraeli është mbrapa në fushën e të drejtave civile? Aspak! Në çdo klasë në shkollë ka fëmijë SSC, *Same Sex Couple*; sistemi i të drejtave të komunitetit LGBT është nga më të përparuarit në botë. Në 1991 edhe forzat e armatosura izraeliane kanë hequr çfarëdo lloj diskriminimi mbi bazën e tendencave seksuale; shembull është ligji mbi të njëjtat mundësi i reformuar në 1992 me qëllim mbrojtjen e identitetit seksual. Më 1994 çështja Danilowitz (një stewart i shoqërisë ajrore El Al) vendosi se partneri në çiftin gay ka të njëjtat të drejta me atë të një çifti eteroseksual e i hapi kështu rrugën fitimit të një sërë të drejtash për çiftet LGBT; në 2005 u vendos e drejta e adoptimit e fëmijës së partnerit. Anëtarë të *Knesset* janë *gay*; Gjykata e lartë ka vendosur se çiftet homoseksuale kanë të drejtën e përfitimeve për bashkëshortin e të venë. Izraeli ka firmosur rezolutën e OKB-së mbi mbrojtjen e të drejtave të gay në 2011 e natyrisht njeh lidhjet e çifteve me të njëjtin seks. Në 2006 demokracia e vetme e lindjes së Mesme u bë e vetmja demokraci që njihte zyrtarisht martesat homoseksuale të celebruara në vende të tjera. Materniteti surrogata është i njohur ligjërisht e fekondacioni për çiftet *gay* është *gratis*. Partnerëve të huaj, në çiftet gay, u njihet leja e qëndrimit në Izrael e partnerëve të të njëjtit seks u njihen të njëjtat të drejta të bashkëshortit, të pensionit e uljeve fiskale.

Një shembull është rasti i poetit Payam Feili, poet gay, iranian që u arratis në Izrael ku fitoi të drejtën e azilit politik. Në 2006 Izraeli mikëpriti *Love Without Borders*: *World Pride*, një program një javor i organizuar nga aktivistë LGBT nga e gjithë bota. Në 2012 qyteti më i madh i Izraelit, Tel Aviv, u zgjodh di qyteti *gay* më i mirë i botës nga pjesëmarrësit e një gate internazionale me 43% të votave në sondazhin online duke lënë mbas dhe San Franciscon.

Në 8 qershor 2018 rreth 250.000 vetë nga e gjithë bota morën pjesë në paradën vjetore *Gay Pride Parade* në Tel Aviv; pornostari më i njohur gay, Jonathan Agassi, është izraelian. Po gratë? Kanë të njëjtat të drejta si dhe burrat; në shtatorin e 2006 Dorit Beinisch u bë e pata grua kryetare e Gjykatës së Lartë izraeliane e më shumë se 44% e të gjithë avokatëve hebrej janë gra.

Po në vendet e tjera të Lindjes së Mesme? Homoseksualët nuk mbrohen në Shtetet arabe e musulmane, përkundrazi shpesh arrestohen e bile dhe dënohen me vdekje. Në ANP sodomia, dhe kur bëhet me dashje, dënohet nga 3 deri më 10 vite burg. Në 2016, për shembull, dhe vetë komandanti i Hamasit Mahmoud Ishtiwi u torturua e më vonë u vra pasi nkëra prej akuzave e konsideronte gay. Gazetari Yossi Klein Halevi ka dokumentuar se nën qeverinë e Yasser Arafatit një palestinez gay u la nga policia në një gropë pa bukë e pa ujë deri sa vdiq. Një tjetër i arrestuar *"gjatë pyetjeve e çanë me xham dhe i hodhën ilaçin e WC në plagë"*. Një amerikan që ishte transferuar pranë të dashurit të tij palestinez gjeti, poshtë derës, një letër kërcënuese të *"gjyqit islamik"* ku përmendeshin *"pesë tipit e vdekjeve të parashikuara nga islami për homoseksualët si vrasja me gurë e djegia"*. Si rezultat ikëm menjëherë në Izrael e u fshehën pasi *"vëllezërit palestinezë"* I kërcënonin me vdekje. Halevi tregon se policia e ANP kishte detyruar një gay *"të rrinte në ujërat e zeza deri në fyt, në kokë i kishin vënë një thes me nevojë e pastaj e hodhën në një qeli plot me insekte"*; gjatë seancave të pyetjeve policia pasi e zhveshi e detyroi të ulej mbi një shishe koka-kole; pasi e liruan, nga frika se mos e vrisnin, dhe ai iku në Izrael. Po gratë? Në 2017 Amanda Hanna suedeze-libaneze e shpallur në 12 gusht Miss Libani humbi titullin pasi për motive akademike kishte qenë në Izrael, duke shkelur kështu ligjin e boikotazhit. Faji rritej pasi në FB kishte shkruar se kishte gabuar kur kishte përhapur mendimet e gabuara kundrejt Izraelit. Kishte "*guxuat*" të pohonte: "*Kisha gabuar... Kalova një nga javët më të bukura të jetës time*". Dhe komisioni i OKB-së për të drejtat e gruas dënon Izraelin e vetëm Izraelin duke harruar dhunën e ushtruar kundër grave në shtete si Yemen, Iran e Afganistan. *Un Watch* ka denoncuar zgjedhjen e Arabisë Saudite në komisionin për të drejtat e gruas e faktin që pesë shtete evropiane votuan në favor. Nuk mungojnë dhe humoristet si Dubravka Simonovic, "eksperte" e OKB-së mbi dhunën ndaj grave e cila pasi vizitoi Izraelin dhe territorët arriti në konkluzionin se nëse burrat palestinezë rrahin gratë e tyre faji është i Izraelit! Nën autoritetin e ANP-së nuk ekzistojnë ligje për sa i përket dhunës familiare; përdhunimi në martesë e dhuna seksuale nuk futen në krime. Nuk ekziston asnjë pengesë ligjore dhe për sa i përket gjymtimeve gjenitale femërore.

Dhe në fushën e barazimit të sekseve e të të drejtave civile distancat, edhe pse nuk i ndajnë veçse pak kilometra, janë shumë të mëdha. Një ligj i 1977 garanton abortin legal me një kosto të ulët e në disa raste edhe gratis, për ato që përmbushin disa kritere të njëjte me ato të vendeve perëndimore. E dëshmon fakti që në 2012 janë aprovuar 21.104 kërkesa aborti nga një total prej 21689 (d.m.th 97%).

Në janar 2014 Knesseti izraelian ka aprovuar ligjin mbi financimin shëndetësor kombëtar që garanton abortin gratis për të gjitha pacientet nga 20 deri në 33 vjeç, e pavarur nga rrethanat. Izraelianët që vuajnë nga kanceri,parkinson,epilepsia, skleroza, sëmundja e Krohnit, shqetësime nga stresi pas traumave e shumë sëmundje të tjera kanë të drejtë të përdorin marijuanën mjekësore që nga mesi i viteve '90: për këta pacientë ajo kultivohet në 8 ferma e shitet nëpërmjet një sistemi shpërndarës shtetërorë.

Për përdorimin e marijuanës zyra e Kombeve të Bashkuara kundër drogës e krimit ka llogaritur se rreth 10% e izraelianëve e përdor. Le të arrijmë në të ashtuquajturën pikë të dobët të Izraelit; është e vërtetë që halakla izraeliane është e njëjta si sharia, d.m.th Izraeli është një teokrazi apo jo?

Të dy të drejtat, ashtu si e drejta zakonore e kanë bazën e tyre në shfaqjen shenjtore që zbërthehet pastaj në librat fetarë. E pikërisht këtu nisin ndryshimet e mëdha; për Izraelin baza e mbështetjes është Tanakh, Testamenti i lashtë (Bibia kristiane përfshin dhe ungjijtë); ai mund të frymëzojë normën por nuk është normë. Kurani në të kundërt është fjala e profetit që bëhet menjëherë ligj.

Pra e drejta islamike është e drejtë e shtetit e pandryshueshme dhe e paprekshme nga njerëzit, ndërsa në Izrael nuk është kështu. Mund të përmenden kanunet fetarë ashtu si në perëndim mund të merret frymëzim nga tradita kristiane; norma është gjithmonë e " punueshme" nga çdo qeveri.

Nuk është çudi atëherë nëse qindra palestinezë, sidomos në Jeruzalem, kërkojnë të lënë ANP e të bëhen izraelianë e ata që ngelen shohin me zili qytetarët arabë të Izraelit e i quajnë "Arab al-Zibda" "kremtortëarabe "?

Kapitulli 6 – Nuk është e vërtetë... por më intereson ti besoj

Hartat e Palestinezëve

Thjeshtësimi i konfliktit arab-palestinez i treguar me falsitet nga shtypi ndoshta mund të përmblidhet në versionet e hartave të të ashtuquajturit *"ekspansionizëm izraelian"* të përhapura nga ambientet antizraeliane në vitet e kaluara në të cilat një pjesë e opinionit publik botëror beson dhe sot e kësaj dite. Bile dhe një shoqatë me zë dhe e rëndësishme italiane, ajo e partizanëve italianë, në seksionin e saj në Romë, për fat të keq ka shpërndarë versionin më qesharak. Le to analizojmë me radhë: versioni i parë (e ashtuquajtura *"hartë e pushtimit izraelian në Palestinë"* ose me tituj të ngjashëm) i përket viteve 50-60 dhe është frut i fantazisë së Arab Information Centre (AIC) që gëzonte ndihmën ekonomike të 14 shteteve arabe me qëllim përkrahjen e çështjes palestineze. Midis shumë fletushkave të botuara nga ky ent, e fundit ishte *Israeli Expansionism* (i 1967) i botuar pas luftës së 6 ditëve. Pse po bëj këtë hyrje?

Pasi aty gjejmë të botuar për herë të parë hartën (e azhornuar në 1967) ku – kini kujdes- emrat Palestinë e Izrael nuk gjenden; në të vërtetë zona konsiderohej nga AIC, pjesë e Jordanisë në të 4 hartat (1947, 1949,1956 e 1967). Kjo është koherenca e frontit antizraelian që atëherë as nuk e dinte ku ishte Palestina. Po le të vazhdojmë; më e famshmja e më e përhapura është ajo e 1967 e quajtur *"Palestinian loss of land 1946 to 2000"*. Në përgjithësi bëhet fjalë për 4 foto-harta e para e të cilave është e gjitha jeshile. Qëllimi është të mbush mendjen se para ndarjes së vendosur nga OKB-ja ekzistonte një shtet palestinez e disa pulle poste izraeliane. Emri në hartë është Palestina e jo "*Mandati i Palestinës*" (që do të ishte forma korrekte). Fakti që ato toka në bazë të Mandatit të Palestinës do të bëheshin pjesë e shtetit izraelian nuk u interesojnë fallcuesve e prandaj nuk e përmendin. Harta e dytë përfaqëson planin e ndarjes i aprovuar nga OKB-ja në 29 nëntor 1947 që – dhe kjo nuk shkruhet- u refuzua nga arabët. Ishte shtet arab vetëm në ëndërr. Për pak nuk harrova një tjetër gënjeshtër, padi në të vërtetë pjesa e Jeruzalemit nuk ishte parashikuar si palestineze as nga OKB-ja. Në hartën e tretë përpiqet të evidencohet situata në 1967 d.m.th prova e imperializmit izraelian. Harrojnë se Izraeli nuk sulmoi shtetet arabe pas ndarjes së vendosur nga OKB-ja; këta të fundit provokuan përgjigjen izraeliane. Por nuk është vetëm kjo. Kjo hartë, me qëllim, nuk tregon tërheqjet, nëpër vite, të Izraelit; Izraeli ka pushtuar territore, me qëllim krijimin e zonave të sigurta në luftën mbrojtëse e pastaj shpesh i ka lënë për të favorizuar marrëveshjet për paqe. Ju kujtohen, apo jo?

Nga Libani në 1949, në 1978 e në 2000; nga Siria në 1974; nga Sinai në 1949, në 1957 e në 1982; nga qytetet në Palestinë në 1995; nga Gaza në 2005.

Por ajo që çudit më shumë është se edhe në këtë hartë, gjithmonë në jeshile, është e evidencuar e ashtuquajtura "Tokë palestineze"; po cila do të jetë?

Le të marrim pjesën e parë të hartës ku, siç e thamë, pjesa jeshile, zë të gjithë figurën me qëllim krijimin e idesë që në fillim ajo zonë ishte e palestinezëve: gënjeshtër.

Tani e dimë fare mirë se ajo tokë nuk ka qenë kurrë e banuar nga arabët palestinezë (në të vërtetë, as nga të tjerë); një shembull mjafton, zona jugore e Negevit. Nuk ishte tokë palestineze pasi ishte pothuajse e gjitha zonë shtetërore ose e latifondistëve që banonin në Damask ose në Beirut.

Nuk ishin as toka nën autoritetin palestinez pasi shteti palestinez nuk ka ekzistuar asnjëherë.

Harta e katërt e azhornuar në 2000 është e vetmja ku zona jeshile "palestineze" i afrohet pak së vërtetës. Të mos harrojmë se Izraeli i kaloi ato zona ALP-së ,pas traktateve të 1993- 1995 në pritje të një marrëveshjeje definitive midis palëve mbi statutin e zonave të quajtura A, B e C e natyrisht të Gazës.

Kjo hartë është ndjekur nga shumë të tjera, më e falsifikuara e të cilave është ajo e treguar, pa pikë turpi, gjatë ndërhyrjes së tij në këshillin e Sigurimit të OKB-së në 2020 nga presidenti i ALP-së Abu Mazen. Harta quhet *"Kompromesi historik i palestinezëve Plani i Trampit"*.

Është pa vlerë përsëritja w motiveve për të shpjeguar se dhe një herë tjetër përdoren të njëjtat gënjeshtra mbi të ashtuquajturin territor palestinez. Ndryshimi i vetëm është që ekziston një shtesë më shumë me një hartë më shumë deri në planin e Trampit në 2020.

Tre hartat e para e fiksojnë mashtrimin palestinez nëpërmjet figurave e datave *"1917- Palestina historike"*, *"1937- Komisioni Peel"* e *"1947- Ndarja nga OKB-ja"*, për të përsëritur ato të njohura e "1967" e në fund ajo e "2020".

Ekziston dhe një version i hartës në të cilin në legjendë lexohet "toka e urës islamike". Arrijmë kështu në konkluzionin; për arabët nuk ekziston toka palestineze pasi e gjitha është tokë e umës islamike që duhet fituat me çdo kusht. Aty e në vende të tjera.

Imperializmi i vërtetë. Ai palestinez.

• • • •

Gënjeshtrat i kanë këmbët e shkurtëra

Nuk është çudi fakti që dhe Presidenti i Parlamentit Evropian ka shpërndarë fake news kundër Izraelit. Nuk është e lehtë të besohet, por është e vërtetë.

Martin Schultz duke folur para Knesset-it në 12 shkurt 2014 pati guximin të thoshte:

"Një djalosh palestinez më pyeti pse izraelianët përdorin 70 litra ujë ndërsa palestinezët vetëm 17. Unë nuk kontrollova këto të dhëna, por ju pyes: a është e drejtë?".

Le të lëmë mënjanë shprehjen *"më tha një djalosh"* e të kontrollojmë faktet. Kuota e ujit për Çizjordaninë është pranuar nga të dy palët gjatë marrëveshjes së Oslos; si rezultat 33 % e rezervave ujore të *West Bank* u janë dhënë palestinezëve. Në 2007 ANP pati në përdorim 200 milionë metra kub ujë prej të cilave 51,8 milionë të dhëna nga Izraeli d.m.th më shumë se sa duhej ti jepte shtetit palestinez sipas marrëveshjeve të Ozlos e Parisit; problemi qëndron në faktin se janë përdorur vetë 180 milionë. Profesor Gvirtzman që punon për Autoritetin e Ujërave ka shpjeguar teknikisht çdo të dhënë:

"Komiteti i përbashkët izraelo- palestinez ka dhënë pothuajse 80 leje palestinezëve për shpimje, pjesa më e madhe e të cilave, për të marrë ujë nga burimet lindore. Për çudi palestinezët përdorin vetë gjysmën e lejeve të dhëna".

Gvirtzman shton se nga 52 milionët metra kub të ujërave të zeza që palestinezët prodhojnë çdo vit, vetëm 2 milionë kalojnë së pari në impiantin e filtrimit të Al-Bireh; si rrjedhim ujërat e zeza palestineze të pa filtruara e bëhet fjalë për rreth 17 milionë metra kub ujë në vit, rrjedhin në përrenjtë e në luginat e Çizjordanisë e ndotin rezervat ujore malore si për hebrejtë ashtu dhe për arabët. Atëherë qenka fajtor Izraeli nëse rreth 35% e ujit në zonën nën autoritetin e kompetencën e ALP-së uji mungon dhe për shkak të humbjeve,vjedhjeve e mungesës së mirëmbajtjes? Sikur kjo të mos mjaftonte Gvirtzman na kujton se çdo qytetar izraelian paguan për ujin më shumë sesa i takon, për të kompensuar humbjet e Izraelit pasi uji për palestinezët jepet me çmime të ulëta. Do jetë e vërtetë teoria sipas së cilës palestinezëve u hiqet energjia elektrike? Energjia për zonat e kontrolluara nga ANP, jepet nga Izraeli ashtu si dhe për një pjesë të Gazës. ANP-ja pretendon bile të mos të paguajë (të mos harrojmë numrin e madh të atyre që e marrin në mënyrë klandestine). Megjithë borxhin prej qindra milionë dollarësh, Izraeli asnjëherë nuk ka ndërprerë furnizimin me energji edhe pse ka të drejtë ta bëjë. Bëhet fjalë për të njëjtën energji që që përdoret në fabrikat e raketave që përdoren kundër Izraelit...

ANP-ja ka propozuar një plan që nuk mund të pranohet, për të shlyer detyrimet: nga qindra milionë dollarët që duhet të paguajnë kërkojnë që gjysma të falet e gjysmën tjetër ta paguajnë në 10 vite. Qesharake!

Në përgjithësi, siç e pamë shumë herë, shtypi në një periudhë 75 vjeçare në shumë raste, ka falsifikuar faktet kundër Izraelit; gjatë Intifadës së parë palestinezët kishin fshehur pothuajse çdo gjë që nga thikat, spatat e deri te bombat molotov, por në shtyp flitet ende për luftën e jashtëzakonshme "të gurëve" ose për luftën midis Davidit (palestinezët) kundër Golias (izraelianët).

Kush jep lajme të pavërteta hiqet sikur harron se në fund të Intifadës kishte 56 ushtarakë izrealianë të plagosur e 30 civilë, pasi nuk përdoreshin vetën gurë por dhe 100 shishe molotov e 3 bomba. Natyrisht dhe gurët vrasin ashtu siç ndodhi në gushtin e 2001 kur një fëmijë 11 vjeçar, vrau me një gur në Maqedoni, një ushtar inglez që merrte pjesë në një mision paqeje.

Intifada shpërthen me forcë, pra me gurë, tulla , llastiqe me të cilat hidhen gurë e zare, por edhe me shkopinj,thika e spata. Nëse do të dyshim të bënim një batutë do të thoshim se në Jeruzalem guri i parë u vu 3.000 vite më parë, kurse i para u hodh rreth 70 vite më parë...

Nuk mungonin as aksidentet automobilistike të shkaktuara nga vaji e nga gozhdët e hedhura mbi rrugë; në 18 muajtë e parë IDF regjistroi rreth 41.000 aksidente të rënda të cilave u shtohen 41 sulme me armë të lehta,38 me bomba dore, 127 atentate me dinamitë e 102 agresione me thika. Thirrja që u bë punëtorëve palestinezë, duke filluar nga janari i 1988 – të mos vinin për të punuar në Izrael, pasi kërcënoheshin vazhdimisht, autobuzët e tyre qëlloheshin me gurë e kërkonin bile dhe ti digjnin , është një provë e mëtejshme. Nëse afatin kohor do ta shtojmë do shikojmë se gjatë 4 viteve të para u hodhën 3.600 molotov, 100 bomba dore e 600 sulme me armë zjarri e me eksplozivë edhe kundër civilëve. Midis 9 dhjetorit 1987 e firmës së marrëveshjes së Oslos (13 shtator 1993) u vranë 160 izraelianë, nga të cilët 100 ishin civilë e të plagosurit ishin me mijëra. Të fshehur si hedhës gurësh, gjendeshin dhe policë palestinezë të armatosur.

Le të kthehemi në ditët tona e le të shohim se si mashtrojnë për sa i përket Kovidit e organizimit në territoret. Sipas Guardian e *New York Times* Izraeli është fajtor pasi nuk vaksinonte palestinezët, por kolonët.

Ministria e Punëve të Jashtme palestineze ka deklaruar, pa baza, se Izraeli ishte përgjegjës për furnizimin me vaksina e se "*po kryente veprime raciale diskriminuese kundrejt popullit palestinez*".

E pra kjo është një nga gënjeshtrat më të mëdha. Traktatet e Oslos ja lënë shëndetin në mënyrë ekskluzive ANP-së në territoret që ajo administron. Bëhet fjalë për tekstin e Marrëveshjes ad interim israelo-palestinese, shtojsa 3 e 28 shtatorit 1995:

"*Fuqia dhe përgjegjësia në fushën e shëndetit në Çizjordani e në Gaza do ti transferohen palës palestineze, përfshirë dhe sistemin e Sigurimit shëndetësor. Pala palestineze do të vazhdoi të zbatoi standardet aktuale të vaksinimit për palestinezët...*"

Pra shteti Izraelian nuk hyn fare e nga ana e tij vaksinoi jo vetëm arabët izraelianë, që nuk donin, por edhe banorët e huaj përfshirë dhe qytetarët e ANP-së me vendbanim në Jeruzalem. Gjithashtu është lejuar gjithmone kalimi i materialeve shëndetësore jo vetëm drejt territoreve të administruara nga ANP -ja në Xhude e në Samari ,por edhe drejt Gazës. Shteti izraelian ka falur mijëra tampone e furnizime,ka formuar personelin e ka dhënë materiale në arabisht për sa i përket bllokimit rë Kovidit për palën palestineze. Prandaj intervista e kongreseve amerikane me origjinë palestineze Rashida Tlaib e dhënë në programin e lajmeve *Democracy Now*, nuk përmban të vërteta sidomos kur quan Izraelin "një shtet racist" e "aparteid" pasi u mohokërka palestinezëve vaksinat e kurat kundër kovidit. Arabët izraelianë po marrin (ose e kanë marrë) vaksinimin e në semestrit e parë të 2020, Izraeli i ka dhënë kredi ANP së për ta ndihmuar në evitimin e një krize ekonomike e humanitare. Më në fund vetë ministri i shëndetësisë palestineze ka pranuar se, siç shkruan Daniel Siryoti në 10 mars 2020, furnizimin nga Izraeli me teste, aparate mjekësore e kite të kërkuara nga personeli mjekësor i Gazës. *"Kontrollimi i epidemisë së koronavirusit ka precedencë mbi çfarëdo lloj konsiderate politike e pa pasur ndihmën e Izraelit, Gaza do të gjendej në një situatë shumë të vështirë në rast epidemie"* ka konfirmuar një drejtues i ministrisë. Deri në 3 janar 2021 ishin vaksinuar në Izrael më shumë musulmanë se në çdo tjetër vend në Lindjen e Mesme! Në të gjithë këtë periudhë si ANP-ja ashtu dhe Hamasi kanë shpërdoruar miliarda dollarë e kanë preferuar ti përdorin lekët për terrorizmin ose për korrupsion e jo për të mirën e popullatës.

ANP-ja harxhon rreth 14 milionë dollarë në muaj për rrogat e terroristëve që gjenden në burgjet izraeliane e për familjet e të ashtuquajturve "martirë". Maurice Hirsch ka llogaritur se me ato të ardhura mund të bliheshin 387,143 *kit* për testin e koronavirusit ose 465 ventilatori të MIT-it me kosto të ulët. Natyrisht janë dhe ata që refuzojnë çfarëdo lloj ndihme nga Izraeli e i bëjnë gogol hebrejtë, si palestinezi Saeb Erekat, i cili, më vonë, u sëmur nga virusi e ku vajti të kurohej?? Në spitalin Hadassah të Jeruzalemit, vetëm se vajti vonë ama.

Gjepurat kundër Izraelit janë të pafundëshme si ajo, sipas të cilës, Primo Levi, na paska thënë se *"Çdokush është hebreu i dikujt. Sot palestinezët janë hebrejtë e Izraelit"*. Vetëm fjalia e parë dhe pa asnjë lidhje me konfliktin në Lindjen e Mesme, është e shkrimtarit. E dyta është vetëm një koment i asaj fjalie në një reçension të shkrimit *"Nëse ky është një jeri"* i 1982 i një kritikut të *"Manifestit"*, Filippo Gentiloni. Fjalia e tërë ju përshtat Levit në një artikull të 2002 të Joan Accocella në *New Yorker*.

E njëjta gjë mund të thuhet për një fjali "fantazmë" të David Ben-Gurion, kryeministër i ardhshëm i Izraelit. Thënia është marrë nga *The Birth of the Palestinian Refugee Problem 1947-1949* i Benny Morris që sjell këtë letër të 1937:

"Ne nuk duam e nuk kemi nevojë të përzënë arabët për tu zënë vendin. Të gjitha aspirimet tona janë të bazuara në konceptin – e konfirmuar nga aktiviteti ynë në Eretz- se ka vënd si për ne ashtu dhe për arabët".

E pra mohimi në fjalinë e parë është hequr dhe fjalia e falsifikuar bën xhiron e botës.

Historiani i njohur antisionist Ilan Pappè shkruante si në 2006 në *Journal of Palestine Studies*, su në librin e tij "*The Ethnic Cleansing of Palestine*" një thënie të marrë nga një letër që Ben Gurioni i paska shkruar të birit në 1937:

"Arabët duhet e do largohen, por duhet të presim momentin e duhur, një luftë për shembull".

Historiani Benny Morris, aspak i butë me Izraelin, ka treguar në 2006 se kjo fjali është "*një shpikje*". Shtojmë se thënia nuk ekziston në asnjë la burimet që Pappè citon.

E gjithë kjo është e turpshme!

• • • •

"Pallywood"

Nga bashkimi i fjalëve Palestinë e *Hollywood* del *Pallywood*. Duhet një fantazi e madhe e teatralitet po kaq i madh për të shpërndarë nëpërmjet mediave fajtore, gënjeshtra gjigande. Le të fillojmë nga lajmi jo i vërtetë, sipas të cilit në 2005, Izraeli kishte vrarë një grua palestineze 55 vjeçe me anë të rrezeve të një makine spiune në një postbllok. E vërteta është se bëhej fjalë për të ashtuquajturin *SafeView Millimeter Wave Radar*, një metal detector shumë i sofistikuar i prodhuar në Amerikë që përdorte teknologjinë olografike të një vale milimetrike, të sigurta, që kontrollonte udhëtarët nga Egjipti për të kapur armë e eksplozivë. Emri i kësaj gruaje, gjasme e vrarë, nuk u mësua kurrë...

Vjen pastaj gënjeshtra e denjë e 1 prillit, sipas të cilës ora e Big Ben-it, kulla e orës e pallatit të Westmisterit në Londër na paska qenë kulla e orës, e rrëmbyer nga britanikët-nga Porta e Xhafës (në Jeruzalem) e mbaruar në 1909 gjatë sundimit otoman në periudhën e sulltanit Hamid II... Ndoshta kjo mungesë qartësie e palestinezëve vjen nga influenca e gazetës Al-Hayat Al-Jadeeda e Ramallahut, nën kontrollin e ANP-së, sipas të cilit Izraeli ka mbushur me drogë banorët arabë të Jeruzalemit: si rezultat rreth 20.000 arabë na qenkan bërë të droguar!!! Ndoshta dhe derrat e egër- që sipas një gënjeshtre tjetër izraelianët kanë lëshuar në Çisjordani për prishur prodhimet e për të përzënë palestinezët nga shtëpitë e tyre-janë droguar në të njëjtën mënyrë...

E njihni UNESCON, apo jo? Pikërisht ajo që zgjodhi Jeruzalemin si " Kryeqytetin e kulturës arabe"; ndoshta krahu i saj i djathtë Isesco, d.m.th trupi "kulturor" i Organizatës Islamike, arriti ta kalojë në prapësi duke thënë se monumentet hebraike janë në të vërtetë thesarë islamikë të vjedhur nga sionistët e veprat arkeologjike izraeliane janë krime kundër musulmanëve. E pra UNESCO,pas pretendimit absurd të Isescos në 2010, deklaroi se varri i Rakelës e shpella e Hebronit e patriarkëve na qenkan " xhami musulmane". Vendimi i Unescos nën ndikimin e ANP-së të zëvendësojë titullin *Mali i tempullit* me *al-Haram al-Sharif* e *Al-Aqsa* është e pakuptueshme. Sikur të mos ekzistonin zbulimet e shumta arkeologjike si për shembull shkrimet greke të periudhës së Tempullit të dytë pranë derës së Luanëve e këndit ku binin boriet që njoftonin fillimin e Shabbatit e të festave hebraike të gjendura gjatë gërmimeve në zonën jugore të kompleksit; sikurse citimet të ishin jo të vërteta, midis të tjerave ato të Biblën, të Mishnës e të Talmudit. Si mund të besohen injorantët e jo profesor Mordechai Kedar?

"Burimet e para islamike tregojnë se xhamia e Al-Aqsa-sës (xhamia më e largët), përmendet në Kuran vetëm një herë, ishte një nga dy xhamitë afër Ji'irrana, një fshat që gjendet midis Mekës e Taafit në gadishullin arabi (sot Arabia Saudite)". Pra *"Al-Masjid Al-Aqsa"* dallon nga xhamia tjetër (*"al-Masjid al-Adna"*),d m.th xhamia më e afërt. Po ashtu citimi në Koranin e udhëtimit, gjatë natës , e profetit Muhamet, nga *"xhamia e shënjtë"* i referohet xhamisë Ji'irrana.

Profesor Kedar e vazhdon kështu tregimin:

"Mashtruesit e Islamit vendosën "të zgjeronin" al Aqsën – pozicioni i vërtetë i së cilës është në shkretëtirën arabe- deri sa zuri të gjithë zonën e malit të Tempullit pasi hebrejtë liruan Kotelin gjatë luftës së 6 ditëve". Përse vallë gjatë pushimit jordanez askush nuk fliste për Al-Aqsën, por u kujtuan vetëm më vonë...Këtu gjen lidhje dhe përralla tjetër, (që për fat të keq ka kushtuar shumë gjak), flasim për gënjeshtrën sipas të cilës një terrorist hebre tentoi të digjte xhaminë në 1969. Janë qesharake akuzat e lëshuara nga televizioni zyrtar i ANP-së *Pmw TV* sipas të cilave qëllimi kishte qenë *"hebraizimi i zonës, marrja e kontrollit për të shkatërruar Al-Aqsën e për të ndërtuar pastaj në vendin e saj, të ashtuquajturin tempull".*

E vërteta është se zjarri, me dashje, u vu nga një turist australian me probleme mendore i quajtur Dennis Michael

Rohan; u arrestua të nesërmen, u gjykua e u dënua me shtrim në një spital psikiatrik. Të pakënaqur me kaq të nesërmen e vizitës së Sharonit në xhaminë *Al-Aqsa* , në 29 shtator 2000, mediat palestineze zyrtare u bënë thirrje të gjithë "atdhetarëve" të tyre ,pasi hebrejtë donin ta shkatërronin. Në 2013 Abbasi kishte akoma guximin të deklaronte në një gazetë Saudite se ekstremistët fanatikë hebrej kishin tentuar të shkatërronin xhaminë për të ndërtuar pastaj Tempullin.

Meqë po flasim për mashtrime e njihni historinë e Mohammed Al Dura, fëmija 12 vjeçar që u bë simbol i intifadës së dytë për të cilin për 8 vite me radhë u tha se u vra nga ushtria izraeliane? Le të nisemi nga faktet. Në 30 shtator 2000 Mohammed Al Dura u vra në Gaza gjatë luftimeve midis izraelianëve e palestinezëve. Menjëherë Izraeli deklaroi fajësinë e tij, por a analizat balistike treguan se plumbit nuk mund të vinte nga pozicionet e IDF-së. Filmimi i vrasjes i djalit (nëse do ketë vdekur me të vërtetë) i xhiruar nga kameramani Talal Abu Rhama-që mori dhe çmim për këtë punë- i komentuar nga i dërguari i France 2 Charles Enderlin, mbërriti në gjitha shtëpitë e botës . Ndërhyri dhe Bin Ladeni: *"Duke vrarë këtë fëmijë izraelianët vranë të gjithë fëmijët e botës"*. Gjatë gjyqit pas shumë tentativave France 2 dorëzoi filmin por vetëm 18 minuta e jo të 27 e xhiruara ,pasi sipas tyre, korrespodenti nuk kishte dashur të filmonte fëmijën që po vdiste. Në fakt në regjistrim nuk mund të verifikohet kur vdes fëmija , por vetëm momentet e para e ato të mëvonshme; pikërisht në momentet e mëvonshme shikohet çudia. Al Dura pasi vdiq... ngre krahun e hap sytë. U ringjall??? Në 21 maj 2008 Gjykata franceze nuk mund të mos pranonte që ushtria izraeliane është e pafajshme. E të mendosh se në botën arabe 150 shkolla mbajnë emrin e tij.

Gënjeshtra palestineze i gjejmë dhe në *Twitter*. Khulood Badawi, funksionare në zyrën e koordinimeve të OKB-së me bazë në Jeruzalem ku punon si koordinatore për informacionin e shtypin,ka botuar një foto të cilën e shet si të vërtetë, të një vajze palestineze të vrarë nga "Izraeli" në Gaza me diçiturën *"një tjetër baba që çon vajzën në varrezë".*

Ku vallë u fsheh kur u zbulua se ishte një foto e agjensisë Reuters e gushtit 2006 e bënte fjalë për një viktimë të një aksidenti rrugor...

E kështu mësuam se dhe Krishti ishte palestinez... Në 24 dhjetor 2019 Laila Ghannam, governatore e zonës së Ramallahut shpalli: *"I gjithë populli palestinez feston krishtlindjet pasi jemi krenarë që Krishti ishte palestinez".*

Siç kemi treguar deri tani, ajo tokë u quajt Palestinë një shekull pas vdekjes së Krishtit; në Nazaret arabët mbërritën vetëm pas pushtimit musulmana në shekullin e VII të kohës sonë. Sidomos Krishti, ashtu si të gjithë hebrejtë, fliste në gjuhën aramaike nga e cila nuk ka rrjedhur gjuha arabe.

Ju duket e besueshme se – duke u përgjigjur rreth 700 raketave të hedhura nga terroristët palestinezë gjatë fund javës nga 4-6 maj 2010- Izraeli vrau një grua shtatzanë e vajzën e saj 14 muajshe Abu Arar? E deklaronte ministria e shëndetësisë e Gazës, e Hamasit dhe u morr menjëherë si lajm nga *Sky News* në 6 maj 2019, nga The Indipendent në 5 maj 2019, nga *Chicago Tribune* në 4 maj 2019 e nga *CNN* po në 4 maj 2019.

Në një nga rastet e rralla që njihen deri tani, një nga grupet që kishin bombarduar Izraelin, Jihad islamik palestinez (PIJ) pranoi se fëmija ishte vrarë kur *"një raketë e rezistencës shpërtheu brenda shtëpisë për shkak të një difekti teknik".....*

Mesazhi i botuar në rrjetet sociale më vonë u fshi...

Një tjetër gënjeshtër u duk gjatë luftës së Gazës në 2012 kur BBC-ja filmoi një grup palestinez që po transportonte tek ambulanca, pas gjuajtjeve izraeliane, një të plagosur që kishte një xhaketë bezhë e një bluzë. Tre minuta më vonë i njëjti burrë ecte, shëndoshë e mirë, para telekamerës! Ka dhe filmime të marra nga dronët si ai i Jeninit . Gjatë një varrimi një nga të vdekurit, i mbuluar nga një copë jeshile, transportohet me barrellë . Por meqë barella tundet shumë "i vdekuri" vendosi të ecte vetë .....

Ndonjë herë, pak në të vërtetë, dikush ka paguar, si për pamjet me tymin e zi të shpërthimeve në Beirut, të gjitha jo të vërteta, për të cilat u pushua një fotograf I agjensisë Reuters në 2006.

Ndoshta dikujt i vjen në mend fotografia e një fëmije 8 muajshe e majit 2018, Layla al Ghandour, që ishte çuar në spital nga i jati që tha se ishte vrarë nga një lotsjellës izraelian.

Corriere della Sera, por dhe *Los Angeles Times, The Guardian, il New York Times, l'Huffington Post, il Mirror, il Daily Mail, il Washington Post,* të gjithë dolën me artikuj që ngrinin në piedestal " të vdekurën" në kufi me Izraelin.

Një javë më parë Ministria e Shëndetësisë, nën kontrollin e Hamasit, kishte thënë se vajza kishte vdekur pasi *"kishte marrë frymë nën efektin e lotsjellësit"*, më vonë ndërruan version. Zëdhënësi i ministrisë, doktor Ashraf al Qidra, deklaroi se pas hetimeve: *"Layla al Ghandour nuk mund të vihet midis martirëve".*

U zbulua një e vërtetë e hidhur. Një militant 20 vjeçar, i quajtur Omar, i afërt i viktimës, i arrestuar pasi kishte kaluar me forcë kufirin e i kishte vënë zjarrin një pike vëzhgimi ushtarake, tregoi sa më poshtë vijon: lideri i Hamasit Yahya Sinwar u kishte dhënë prindërve të viktimës, Miriam e Anwar Ghandour "*8 mijë shekel*", rreth 2200 dollarë ose 2000 euro për ti thënë shtypit se e vogla ishte mbytur nga gazi.

Njëra nga gënjeshtrat më të mëdha e nga më të rëndat është ajo e filluar nga shefi i delegacionit palestinez pranë OKB-së, Riyad Mansour, i cili i shkroi në tetor të 2015 presidentit të këshillit të sigurimit anglez Matthew Rycroft. Sipas tij ushtarët e vratë në luftë nga izraelianët ju ktheheshin familjeve me organet e hequra. E njëjta gënjeshtër ishte thënë nga myftiu i xhamisë *Al-Aqsa*. Në të vërtetë kishte që nga 2009 që xhironte ky zë, që kur doli një artikull i *Aftonbladet*, gazetë suedeze *online*. Gazetari u nis nga një histori amerikane në të cilën ishte i përfshirë dhe një rabin e përdori dhe një fotografi të vjetër, atë të një të vdekuri "të qepur". Në realitet fotografia i përkiste një manifestuesi i vrarë shumë kohë më parë në përleshje me policinë izraeliane. Magjistratura izraeliane kishte nisur një hetim e kishte bërë autopsinë, para se ti kthente trupin familjes: praktika normale në raste të tilla. Për fat të keq të suedezit, *Jeruzalem Post* zbuloi lajmin e rremë. Familja e të vdekurit nuk kishte pasur asnjëherë dyshime e nuk kishte denoncuar grabitjen e organeve. Familja e Bilal Ahmed Ghanem, palestinezi i vrarë në majin e 1992 gjatë Intifadës së parë,të cilit i paskëshin marrë organet deklaroi se nuk kishte pasur asnjë dyshim e nuk kishte "denoncuar" grabitjen e organeve gazetarit suedez.

Donald Boström i njohur nga publiku suedez për librin e tij *Inshallah: konflikti midis Izraelit e Palestinës,* u justifikuar duke thënë se ai nuk e kishte shkruar hapur, por se trupi i "qepur"...bënte të lindnin pyetje. Nuk bëri figurë më të mirë kur deklaroi në radion izraeliane:

"Megjithatë nuk e di nëse është e vërtetë apo jo, pasi nuk kam prova"...

Për ta mbyllur, vëllai Jalal deklaroi: *"Nuk e di nëse është e vërtetë, ne nuk kemi asnjë provë për ta treguar"* e tregoi se ai dhe disa bashkëfshatarë mbanin mend se gjatë varrimit kishin parë një fotograf suedez që fotografoi disa herë trupin para varrimit. *"Vetë atëherë e pamë atë fotograf"* – tha. Shtojmë se me siguri do jetë dhe hera e fundit pas figurës që bëri. Tani le të mbërrijmë te bombat me fosfor, pasi në janar 2009 plasi gënjeshtra mbi përdorimin pa kriter të tyre nga ana e IDF-së. Kush e tregoi të vërtetën? Jo ne, por në mënyrë indirekte Kryqi i kuq, që nuk tregohet asnjëherë i butë me Izraelin, me anën e një komunikate të ribotuar nga *Jeruzalem Post* në 14 janar:

"Kryqi i kuq deklaroi të martën se Izraeli përdori plumba me fosfor të bardhë gjatë ofensivës së tij në Gaza, por nuk ka prova që dëshmojnë se përdoret në mënyrë ilegale (d.m.th për të djegur lëkurën)". Në realitet izraelianët i përdornin *"për të ndriçuar objektivat gjatë natës e për të krijuar mjegull gjatë sulmeve ditore"* siç ka deklaruar Peter Herby, shefi i grupit mina-armë i organizatës *Associadet Press*. Bëhet pra fjalë për përdorim të ligjshëm të pranuar nga marrëveshjet ndërkombëtare.

Fotografia që xhiron mbi efektin e bombave me fosfor mbi fëmijët palestinez është e marrë nga faqja e Wikipedias në gjermanisht mbi sëmundjen e lisë. Ndoshta çmimin si gënjeshtra e vitit e merr lajmi i 22 tetorit 2015 i agjensisë iraniane *Fars News*, e martë në Itali dhe nga Rai. Bënte fjalë për një kolonel izraelian i arrestuar në Irak pasi luftonte me Isis-in. Në fotografi është kapteri major Oron Shaul i vrarë nga Hamasi në 20 korrik gjatë operacionit kufiri mbrojtës...

Po për fotografinë e famshme të *New York Times*, në faqe të parë në 30 shtator 2000 e kaluar nga *Associadet Press* e që bëri xhiron e botës e quajtur *"një polic izraelian e një palestinez në malin e Tempullit"* ç'mund të themi? Në të duket, në plan të parë,një i ri me fytyrën e përgjakur e pas tij një polic izraelian me shkopin e gomës gjatë ditëve të revoltës kundër Ariel Sharonit tek xhamia *Al-Aqsa*. E vërteta është se i riu ishte një student hebraik nga Çikago, Tuvia Grossman, i cili në periudhën e Rosh ha Shanà, viti i ri hebraik, bashkë me dy shokë hipi në një taxi në Jeruzalem. Shoferi vendosi ti binte shkurt nëpërmjet lagjes arabe të *Wadi Al-Joz*, ku papritur, u sulmuan nga rreth 40 arabë që rrethuan makinën,thyen xhamat e nxorën jashtë djalin; e rrahën, e qëlluan me shqelma, e plagosën në këmbë me thikë dhe e qëlluan me gurë në kokë.

Arriti të largohej e ju drejtua, r të kërkuar mbrojtje, policit. Mjaftonte të shikohej se në fotografi dukej një karburant e mungonin shkrimet në hebraisht për të kuptuar se nuk ishte bërë në Malin e Tempullit, në të kundër të asaj që shkruante didaskalia.

Kur pa fotografinë i jati telefonoi *New York Times* dhe gazeta u detyrua të botonte zhgënjimin.

Ka ndodhur që agjensia *Reuters* ka " prerë" nga fotografia thikën me të cilën një terrorist kërcënonte ushtarin izraelian të plagosur gjatë aksidentit të anijes Mavi Marmara.

Le të vazhdojmë të mbledhim gënjeshtra si ajo e 11 marsit 1997 kur përfaqësuesi palestinez pranë Kombeve të Bashkuara (komisioni i të drejtave të njeriut) deklaroi se Izraeli kishte infektuar me Hiv 300 fëmijë izraelianë.

Ose ajo e 2002, sipas së cilës Izraeli kishte hedhur me helikopter karamele helmuese.

Kemi dhe atë të 2003 sipas së cilës bomba e mina të fabrikuara si lodra ishin hedhur nga aeroplanët. Të mos harrojmë dhe lajmin e dhënë si nga *Tg2* ashtu dhe nga *Corriere della Sera* në qershor 2011 mbi qenin e vrarë me gurë në Jeruzalem nga hebrejtë e këqinj.

Një tjetër gënjeshtër është ajo e prillit 2012; "lajmi" ishte nisur nga gazeta *L'Express* e bënte fjalë për ushtarë izraelianë (fallco) që keqëtrajtonin e kërcënonin me armët e tyre një pseudo të burgosur palestinez. Doli se ishte vënë në skenë nga palestinezët në Liban. Gazeta u detyrua të kërkonte falje.

Luhet me të vërtetën dhe kur *Open* shpërndan një filmim mbi varrimin e Shireen Abu Akleh për të treguar se si ishin përpjekur të bllokonin zhvillimin normal. I vëllai Anton i kishte deklaruar Al xhazirës se familja kristiane dëshironte që trupi, sipas traditës, të transportohej me karro. Palestinezët morën trupin e donin ra përcillnin me duar, siç është tradita islamike e martirëve (shahid). Forcat izraeliane kishin ndërhyrë për të respektuar dëshirën e familjarëve.

Çmimin si mashtrues i 20 vjetëve të fundit e merr "regjizori" Mohammed Bakri me "dokumentarin" e tij *Jenin, Jenin* i 2002 mbi luftën kundër atentatorëve vetëvrasës të asaj zone. Arrihet të flitet për bombardime (pa u treguar asgjë aeroplan), për "varre të përbashkëta" të hapura nga izraelianët (të paekzistuara), për shkatërrimin e një pjese të spitalit (i pa marrë nga IDF-ja) e bile për një fëmijë që ishte plagosur e plumbi i ishte futur nga gjoksi e i kishte dalë nga shpina. Sipas të intervistuarit që e tregonte, ky kishte arritur ta shpëtonte duke i hapur rrugët e frymëmarrjes me një gisht në gojë. Nuk jepet asnjë e dhënë për këtë fëmijë e natyrisht çdo mjek e di se nuk është e mundur që një fëmijë i cili është qëlluar me plumb në gjoks të mbijetojë ashtu si nuk është e mundur që rrugët ajrore të lirohen me një gisht. Ka pastaj histori të tjera si ajo e autoblindës izraeliane që shtyp njerëzit e shtrirë në shesh, ajo e fëmijëve të vrarë me dëshirë e ajo e një palestinezi të kapur,të lidhur e të vrarë, nga distancë e afërt me plumba. Një gjë duhet pranuar.

Fantazia nuk mungon.

Kapitulli 7 – *Lobby* arab

Dezinformatë me drejtim të vetëm

Shtypi i të gjithë botës, pothuajse totalisht, është në favor të palestinezëve; e mbi këtë nuk ka asnjë dyshim.

Për këtë qëllim, nuk është e lehtë të gjejmë lajmin që flet për vrasjen në 1988 të Tirza Porat, një nxënëse e thjeshtë, gjatë Intifadës së parë, afër Elon Moreh. Por edhe nëse do arrinim ta gjenim, do lexonim se faji ishte i asaj pasi ishte afër fshatrave palestineze!

Shembuj të tjerë? Në fillim të 1988 gazetarët u mblodhën në spitalin El-Mokassed, në Jeruzalem, për të filmuar *"agoninë"* e një djali palestinez *"që po vdiste"* me tubat e reaminimit në trup; me lot në sy mjeku tregoi se i riu ishte rrahur barbarisht nga ushtarët izraelianë. Organet e shtypit shpërndanë këtë lajm që nuk ishte i vërtetë, pasi sipas kartelës klinike dhe autopsisë, i riu vdiq nga emorragia cerebrale, pas një viti sëmundjeje! Palestinezët e dinë se kur përhapin lajme të rreme, këto do shpërndahen nga mediat botërore për të cilat lajmet antizraelianë janë të pavarura nga faktet. *France 2* tregoi një herë fëmijë të shtrirë mbi çarçafë të bardhë, të vrarë gjatë luftimeve në Gaza. Në realitet filmimi i bërë nga një operator amator ishte bërë pas vrasjes së fëmijëve si rrjedhojë e shpërthimit të një kamioni të Hamasit i ngarkuar me municione, gjatë një parade në Gaza në shtator 2005.

Ministri i Punëve të Jashtme Avigdor Lieberman ka thënë një të vërtetë të ndihmon kuptimin e situatës:

"Egoizmi i të ashtuquajturve intelektualë perëndimorë, të cilët janë gati të sakrifikojnë popullin hebraik në altarin e një antisemitismi të çmendur, për herë të dytë, vetëm për të shitur ndonjë libër më shumë".

Në një tjetër rast, duke treguar mbi një sulm në një pizeri në Jeruzalem në 9 gusht 2001, ku pati 15 viktima, terroristi u përshkrua si një "militant" nga ana e shumë mediave (*Los Angeles Times Chicago Tribune, NBC Nightly News*).

Në të njëjtën mënyrë kur terroristë të tjerë vra ë 4 izraelianë në një supermarket në Tel Aviv në 8 qershor 2016, *BBC* tha se kishte qenë vetëm " një shkëmbim zjarri" (të njëjtën gjë tha dhe *Sky News*).

Anderson Cooper i CNN-së tregoi se brenda Gazës Hamasi kontrollon në mënyrë të rreptë informacionin, ndjek gazetarët për të parë ku venë e çfarë bëjnë. Gjatë luftës së korrikut 2014 gazetari polak Wojciech Cegielski konfermoi:

"Nuk mund të takoja askënd pa pasur lejen e Hamasit e që mund të më tregonte diçka tjetër të ndryshme nga propaganda zyrtare. Disa palestinezë, kur ishin të sigurt se mikrofoni ishte i fikur, më thoshin se nuk mund të duronin më ferrin e Gazës, por se kishin frikë".

Nick Casey i *The Wall Street Journal*, John Reed i *The Financial Times* e Harry Fear i Rt kanë një pikë të përbashkët. Janë kërcënuar me vdekje pasi kishin *"guxuar"* të flisnin për raketat e përdorura nga Hamasi.

Radjaa Abou Dagga, gazetare franko-palestineze, në gazetën *Liberation* ka treguar se ishte marrë peng nga Hamasi e ishte çuar në një nga shtabet nga militantët e grupit terrorist, në spitalin e Shifës ku i kishim dhënë urdhërin të largohej menjëherë, nëse nuk do e zbatonte rrezikonte jetën. Në mënyrë "demokratike" *Liberation* e hoqi artikullin e saj. Kush e gjën pse...

Në 23 maj 2021 drejtori i UNRWA-së në Gaza, Matthias Schmale, gjatë një interviste në një kanal televiziv izraelian pati guximin të mos kundërshtonte thënien *"sulmet izraeliane kanë qenë precize"*. Plasi skandali! Hamasi donte që drejtuesi i OKB-së të deklaronte fallcon e të thoshte se sulmet izraeliane nuk kishin qenë aspak precize. Pa pritur e pa kujtuar drejtuesi ndërroi idenë, pasi zyrat e tij u sulmuan në Gaza e deklaroi se sulmet izraeliane kishin qenë *"të egër pa dallime"* e kishin provokuar *"vdekjen e pakuptueshme e të padurueshme të civilëve"*. Pra akoma nga ana e palestinezëve. E megjithatë kjo nuk i mjaftoi Hamasit që e shpalli *"person të padëshiruar në Gaza"* dhe e përzuri urgjent.

Sipas një raporti të Marvin Kalb *"korrespondentët e huaj janë lajmëruar kur hynë në periferinë jugore të Beirutit, se nuk mund të largoheshin vetëm e nul mund tu drejtonin pyetje rezidentëve. Mund të fotografonin vetëm e kur do të lejoheshin nga asistentët e tyre të Hezbollahut, nëse nuk e zbatonin rrezikonin dënime shumë të rënda. Ja pse lufta guerile e Hezbollahut nuk duket në fotografi, pasi duket sikur Hezbollahu nuk bën luftë"*.

Nic Robertson i CNN-së u shoqërua në një zonë të Beirutit e një nga *"guidat"* e Hezbollahut e urdhëroi *"Aty nuk do hysh pa lejen e tyre"*.

Kolegu i tij në CNN Anderson Cooper ka treguar një nga trillimet e shumta: në një tur Hezbollahu kishte treguar disa ambulanca e kishte thënë se po shkonin të mblidhnin civilët e plagosur, ndërsa në të vërtetë, bënin xhiro para-prapa! Ja seç tregon bashkëpunëtori i *Time Magazine* Christopher Albritton:

"Në jug përgjatë kthesës së bregdetit Hezbollahu lëshon Katjushat, por nuk mund të flas shumë mbi ta. Partia e Zotit

ka një kopje të pasaportave të çdo gazetari e kanë kërcënuar e bezdisur disa prej nesh".

Ja dhe dëshmia e Jean Pierre Martin:

"Pi regjistronin fillimin e demonstratës. Papritur një kamion u fut me shpejtësi. Ishte i mbushur me militantë të Al-Fatahut. Filluan të jepnin urdhëra e të shpërndanin molotovët. Ne po i filmonim, por këto filmime nuk do ti shikoni kurrë. Në pak sekonda të gjithë të rinjtë na rrethuan, kërcënuan e na çuan në stacionin e policisë. Atje na identifikuan e na detyruan të eliminonim filmimet. Policia palestineze qetësoi gjendjen, por censuroi filmimet tona. Tani kemi provat se ato revolta nuk ishin spontane. Të gjitha urdhërat vinin nga një jerarki palestineze". He të tjera palestinezët japin direkt lajmet mbi revoltat, protestat e varrimet *"e nuk është e mundur të vërtetohet nëse materiali i filmuar është autentik",* kështu shkruante Steven Emerson, korrespodent i CNN-së.

"Ndërsa terrorizmi politik palestinez në Çisjordani ka vështirësi në dhënien e lajmeve", shtoi *"trillime të vërteta mbi brutalitetin izraelian jepen pa kontradiktorë".*

Si konkluzion, kanalet e SHBA-së *"ishin bashkëpunëtoë në trillimin mbi konfliktin në Çisjordani".*

Shton Pierre Rehov, pseudonim i Pierre Malvine, regjizor, shkrimtar e gazetar francez:

"në Çisjordani merren në ngarkim nga "përkëthyes" palestinezë të stërvitur për të shoqëruar gazetarët e për tu treguar vetëm atë që ata mund të shohin e që është lejuar nga kapot palestinezë. Në të gjithë Lindjen e Mesme gazetarët janë të kërcënuar, me përjashtim të Izraelit". E nëse kjo nuk mjafton, shton:

"*Ndërsa po punoja në një nga dokumentarët e mij, palestinezi që udhëhiqte grupin tim më ofroi një shkop. Meqë jam francez, ai ishte i sigurt se isha filo- palestinez. 'E di se sa vlen? – më tha- Kur një ushtar izraelian vret një të ri. Të intereson? Mund ta organizojmë për 10.000 dollarë. Jemi në gjendje ta bëjmë. Fliste për një farsë apo për një vrasje të vërtetë? Nuk guxova ta pyesja*". Përfundon tregimin Pierre Rehov: "*Të gjithë drejtorët thonë të njëjtën gjë: nëse rezultati nuk është anti-izraelian nuk na intereson*". L'*Associated Press*, njëra nga agjensitë më të rëndësishme të lajmeve në botë, duke bërë listën e 15 sulmeve terrorristike nga gushti i 1998 e gushti i 2003 harron të përmendi më shumë se 8 sulme të tilla të organizuara kundër izraelianëve. Në të njëjtën mënyrë në librin e fotografive të një viti (2003), në mes të 130 fotografive mbi vuajtjet njerëzore vetëm 6 i përkisnin konfliktit arab- izraelian.

Fotot e të ashtuquajturave viktima të fotografive të sipërme, janë të gjitha palestineze. Sa çudi!!

Në verën e 2009 Federata ndërkombëtare e gazetarëve fshiu nga shoqata gazetarët izraelianë, ndërsa ata që lavdëronin diktatorët e lindjes së Mesme e ruajtën vendin e tyre.U jepet pra, çmim atyre vendeve ku e vetmja liri ekzistuese është detyrimi i duartrokitjes. Në të njëjtën kohë në sitin e Federatës nën titullin "*Lindja e Mesme*" Izraeli nuk përmendej e zëvendësohej nga "Palestina" me kryeqytet Jeruzalemin.

Në gushtin e 2002 Bashkimi i gazetarëve palestinezë nuk lejoi kolegët e tyre të fotografonin fëmijët palestinezë që transportonin armë ose bashkëpunonin në aktivitetet terroriste; një sindikatë tjetër (ajo e gazetarëve palestinezë) ndaloi dhe filmimin e njerëzve të maskuar.

Kur në korrikun e 2004 në Gaza plasën demonstratat kundër korrupsionit të ANP-së e të Arafatit – që kemi trajtuar gjerësisht këtu- gazetarët palestinezë që folën për to, u kërcënuan me vdekje e pësuan dhe sulme fizike. Pas kësaj 100 gazetarë shkuan te Arafati. Ndoshta për të protestuar e për të kërkuar me forcë lirinë e shtypit? Aspak!!!!

Pothuajse duke u lutur në gjunjë, lypën të dalte dhuna kundrejt tyre. Bile dhe një *Report* i 6 prillit 2011 i antiizraelianit *Human Rights Watch*, pranoi dhunën kundër gazetarëve palestinezë- sidomos në *West Bank* e në Gaza (tortura, rrahje, burgime të paligjshme) nga ana e forcave të policisë së tyre lokale. Mediat hiqen sikur nuk janë në dijeni se kur liderët e eksponentët arabë i drejtohen perëndimit flasin në një mënyrë e kur i drejtohen botës arabe në një tjetër. Bile arrijnë të thonë dhe të kundërtën. Në këtë Arafati ishte një mjeshtër i vërtetë.

Je se çfarë ka zbuluar *Memri TV* në disqet me linjat drejtuese të shpërndarë nga Ministria e Punëve të brendshme të Hamasit për gazetarët perëndimorë që ndodhen në Gaza. Nën titullin *Be Aware-Social Media Activist Awareness Campaign*, rekomandohet (lexo imponohet) se *"kushdo që do vritet në Gaza ose në Palestinë, do të quhet " civil i pafajshëm"* edhe nëse ishte terrorist". Çdo ngjarje duhet prezantuar si *"një përgjigje kundër sulmit izraelian"*. Në të kundërt nëse burimi i lajmit është izraelian duhet vlerësuar si *"burim i pabesueshëm"*.

Ka dhe këshilla të tjera për aktivistët që shpërndajnë lajme për perëndimin nëpërmjet rrjeteve sociale, internetit e videove:
"Evitoni të diskutoni me perëndimorët mbi Holokaustin e mos u pëpiqni ti mbushni mendjen se bëhet fjalë për një gënjeshtër.

Janë diskutime pa bereqet. Përpiquni ti vini në të njëjtin plan Holokaustin e pushtimin".

Dm.th problemi nuk qëndron në faktin se nuk mund të mohohet Holokausti, por se është pa bereqet ky diskutim...

• • • •

Shkruaj bojkotim, lexo anti semitizëm

Nuk është e lehtë ta besosh – ndoshta sepse tani jemi të ngopur – por bojkotimi në konfliktin arab- izraelian është i drejtuar jo kundër terrorizmit, por kundër demokracisë izraeliane. Natyrisht justifikimin kundrejt terrorizmit e gjejnë gjithmonë; janë të detyruar nga varfëria. Ashtu? Le të shikojmë se çfarë tha kushëriri i njërit prej terroristëve kamikaze palestinezë që u hodhën në erë në një qendër tregtare në Jeruzalem në 2001 ku humbën jetën 10 persona me moshë nga 14 deri në 21 vjeç:

"Atyre u ishte hequr gjithçka".

Nuk duhet të habisi fakti që ndërsa mbi Izraelin bijen rreth 500 raketa nga Gaza, Gjykata e Bashkimit evropian merrej me vulosjen e prodhimeve izraeliane të territoreve *"në grindje"* me një diçiturë speciale bojkotimi. Lind pyetja pse nuk merren iniciativa të tilla kundër vajit turk në Qipron e pushtuar, për peshkun e Marokut nga Sahara perëndimore ose për prodhimet kineze nga Tibeti. Këto iniciativa merren vetëm kundër prodhimeve izraeliane...

Gjatë viteve është bërë me garë për të fituar titullin kundërshtar i Izraelit; fondi i naftës norvegjez la shoqërinë *Africa-Israel* e u tërhoq dhe nga *Danya Cebus*; Coopi suedez nuk shet më makinat e *Soda Stream* izraeliane; qendra e spitalit universitar valdez në Lozanë, një nga më të rëndësishmit në

Evropë nuk do ujin mineral izraelian; sindikata e madhe norvegjeze *El &It Forbundet* bojkoton homologen izraeliane *Histadrut*.

Por nuk kishim *"lobin izraelian"* që komandon çdo gjë?! Edhe pse thuhet se hebrejtë kontrollojnë dhe ekonominë shumë institucione financiare evropiane kanë filluar të bojkotojnë bankat izraeliane. Banka më e rëndësishme daneze, *Danske Bank*, nuk do të ketë marrëdhënie me izraelianen Hapoalim; më i njohuri fond i pensioneve holandeze *Pggm*, nuk investon më në pesë institucione financiare izraeliane. *Vitens*, shoqëria më e madhe holandeze në shpërndarjen e ujit ka mbyllur çdo marrëdhënie me homologen izraeliane *Mekorot*.

Të gjithë nën urdhrat e idesë filo-palestineze.

Në 2011 në Norvegji Alan Dershowitz, avokat i famshëm e profesor në universitet u bllokua nga të gjitha universitetet norvegjeze që e kishin ftuar për të mbajtur një sërë leksionesh gratis mbi të drejtën ndërkombëtare; kjo bëhej në emër të bojkotimi antiizraelian. Deri në atë moment i vetmi shtet që kishte bojkotuar Dershowitzin ishte Afrika e Jugut, pasi ishte avokati i Nelson Mandelës!!!

Të mos harrojmë se brenda hebrejve nuk numërohen ata që janë të mbushur me urrejtje antiizraeliane; p.sh amerikani Richard Falk, që dhe *Human Rights Watch*, përzuri, pasi kishte thënë se 11 shtatori ishte një komplot amerikan- sionist, ka arritur në blogun e tij të shkruaj se izraelianët janë nazistë. Në të njëjtën linjë është dhe gjuhëtari e filozofi hebre- amerikan Noam Chomsky: *"Nuk shikoj ku qëndron antisemitizmi nëse mohohet ekzistenca e dhomave të gazit ose ajo e Shoahut"*. Është i njëjti që 35 vjet më parë mbrojti negacionistin e Shoahut

Robert Faurisson; për të, ky i fundit ishte " një profesor i respektuar" që karakterizohet *"nga një kritikë e dokumentuar"* e *"nga hulumtime të thella hustorike"*.

Me bindje fjalën "Shoah" e vuri në thonjëza......

Urrejtja kundër Izraelit ka shumë simpatizantë. Le të marrim drejtuesit e *Human Rights Watch*: Joe Stork, zëvendës drejtor i departamentit të Lindjes së Mesme lavdëroi masakrën e atletëve izraelianë në Olimpiadën e Mynihut e mori pjesë në një konferencë antiizraeliane së bashku me Saddam Husseinin.

Marc Garlasco që për vite me radhë ka qenë eksperti kryesor ushtarak i organizatës dhe korrespodent lufte në Gaza kritikonte, pothuajse çdo ditë, Izraelin e quante *"krim lufte"* hedhjen e ligjshme të plumbave me fosfor që ndriçonin fushën e luftës.

Natën, si një hero i multiplikativëve, tërbohet në internet nën pseudonimin *"Flak 88"* e si avatar përdorte kryqin e thyer. Për të qenë më të qartë Flak është një armë gjermane e 88 në kodin neonazist i përgjigjet *"Heil Hitler"* (gërma e tetë e alfabetit).

Me këtë identitet të ri, në forumin e ekstremistëve, lavdëronte nazizmin e shkruante recensione mbi librat e Hitlerit. Hrw duhet të mos bini dakord e për ta – vetëm tani-është sikur nuk ka ekzistuar kurrë.

Jean Paul Sartre në mënyrë profetike kishte shpjeguar: *"Nëse hebrejtë nuk do ekzistonin antisemitizmin do e shpiknin"*.

Studiozi më i madh i Holokaustit Raul Hilberg ka paralajmëruar :

"Bojkotimi ekonomik kundër hebrejve në Gjermaninë naziste ishte hapi i parë drejt Shoahut. Po ashtu dhe thirrja 'Raus

mit uns' (jashtë me ne) *plagos sot shtetin e Izraelit; është kthyer kërcënimi nazist 'Mos blini nga hebrejtë* [sh.i.a]"

Bojkotimi nazist është atëherë, gjyshi, i aktualit *Boycott, Disinvest, Sanction* moderno, d.m.th lëvizja BDS të cilën në mënyrë paradoksale e drejtojnë dhe hebrej (si Ilan Pappè, Gideon Levy, Amira Hass, amerikani Peter Beinart etj).

BDS nuk merret me "imperializmat" e tjerë si për shembull ai i Turqisë që ka pushtuar 1/3 e Qipros që nga 1974 me 40.000 ushtarë e ka transferuar- me dhunë – popullata turke nga Anadolli, pushtimin e Marokut në Saharanë Perëndimore ose atë të Tibetit. Me Izraelin po ama!!

"Ideja e dy shteteve ishte e papranueshme që në fillim", thoshte Omar Barghouti që vazhdonte *"fundi i kontrollit izraelian mbi Çisjordaninë nuk është asgjë tjetër veçse hapi i parë drejt shkatërrimit të Izraelit"*. Ku qëndron lidhja midis shkatërrimit të Izraelit e mbrojtjes së palestinezëve ec e gjeje.

Një shembull i objektivave të tyre: prishja e stabilimentit të *Sodastream* qendra e së cilës ishte në qytetin çizjordan të Mishor Adumim e ku punonin me qindra palestinezë. Pas bojkotimi BDS, ai u mbyll. Me qindra punëtorë palestinezë (e familjet e tyre) ngelën pa punë, por BDS festoi e – me të drejtë- të papunët e rinj, protestuan.

Dhe një nga zëdhënësit e BDS-së, këngëtari i Pink Floyd-ëve Roger Waters- sulmet e terroristëve cilit i gjejmë dhe në sitin e partisë së djathtë *"Fronte Nazionale"* – lehte *"Loby i hebrejve kontrollon çdo gjë, bile dhe Hollywoodin"*. D.m.th dhe suksesi i atij vetë është arritur me " vizën" e hebrejve...

Njëri nga sponsorët e frymëzuesit e BDS është lideri i *Nation of Islam*, neonazisti *Farrakhan*, për të cilin hebrejtë janë *"miza dheu"*. Në 27 prill 2021 *Human Rights Watch* botoi një raport prej 200 faqesh që ka si lajtmotiv idenë qesharake, sipas së cilës në Izrael ekziston *"apartheid"*. A mund ta imagjinoni kush është autori kryesor i atij raporti? Është tamam Omar Shakir që bën pjesë në fushatën e bojkotimi, disinvestimit e sanksioneve (BDS). Arrijmë te një tjetër perlë: Hamasi e bojkotit bojkotatorët, së bashku, kanë shpërndarë një pamje " të ëmbël" të koronavirusit nën formën e yllit të Davidit.

Krye gusto!!!!!

I vetmi zë jashtë korit është ai i Bundestagut, Parlamenti gjerman, që me shumicë ka aprovuar një mocion në të cilin BDS klasifikohet antisemite e humbet kështu të drejtën e financimeve publike që u garantohen shoqatave pa qëllime fitimi. Problemi nuk është bojkotimi që natyrisht është një nga shprehjet e mendimit të lirë, por kur bëhet i bazuar në gënjeshtra.

Ja se çfarë shkruante Martin Luther King në *"Letter to an Anti-Zionist Friend"* e 1967: *"I dashur mik, dëgjojmë, nëse urren Izraelin je antisemit"* e më tej sqaron idenë e tij:

"Çfarë është antisionizmi? Është refuzimi për popullin hebre i të drejtave themelore, që me të drejtë ne i kërkojmë për popullin e Afrikës e për të gjitha kombet e Tokës. Është një diskriminim kundër hebrejve, miqtë e mi, pikërisht pasi janë hebrej. Me pak fjalë ky është antisemitizëm... Lërini fjalët e mia të ushtojnë në thellësinë e shpirtit tuaj: kur njerëzit kritikojnë sionizmin e kanë fjalën për hebrejtë. Mbi këtë nuk është e mundur të gabosh".

Kur një student që kritikonte sionizmin ju afrua, Martin Luther King përsëriti:

"Kur njerëzit kritikojnë sionizmin, e kanë fjalën për hebrejtë. Fjalimi yt është antisemit e i fshehur si antisionist".

···•

OBAMA

Le ta nisim nga fundi; të heqim nga mendja idenë e Lobit hebraik, ose në mënyrë më konkrete të analizojmë anën tjetër të medaljes atë të lobit arab, d.m.th atë filo- palestinez që ka lindur para Izraelit.

Një ide që tashmë ka hedhur rrënjë, por që nuk ka asnjë bazë, është ajo sipas së cilës Britania e Madhe dhe SHBA-ja kanë ndihmuar e përkrahur gjithmonë Izraelin. Ju kujtohet se si Britania e Madhe i dhuroi ¾ e Tokës së Premtuar të sapokrijuarës Mbretëri hashemite që më vonë do merrte emrin Jordani?

Nuk ishte dhurata e vetme: Londra armatosi e stërviti ushtrinë jordaneze e cila komandohej nga një oficer britanik. Ç'mund të themi për të ashtuquajturin *"Libër i bardhë"* mbi emigracionin hebraik në Palestinë (në të njëjtën kohë britanikët jo vetëm lejonin ,por lehtësonin arritjet e arabëve)?

Nëse Britania e Madhe do të kishte qenë filo izraeliane nuk mund të kuptohet pse – në një nga rastet e rralla të terrorizmit izraelian - u bombardua *King David*, ku ndodhej shtabi i përgjithshëm ushtarak anglez gjatë pushtimit. Si rezultat 28 anglezë humbën jetën ,pasi nuk i kushtuan vëmendjen e duhur alarmit të lëshuar para shpërthimit, pasi para se të ndodhte u lajmëruan që të largoheshin.

Po SHBA-ja? Është pak i njohur fakti që Departamenti i Shtetit amerikan ndaloi dërgimin e armëve në Lindjen e Mesme në 5 dhjetor, vetëm pak ditë pas aprovimit të rezolutës së ndarjes së vendosur nga OKB-ja, rezolutë që arabët kishin njoftuar se do e kundërshtonin me forcë.

Një embargo që në vend të ishte e barabartë sillte zvantazh vetëm për kë nuk kishte një shtet të strukturuar, d.m.th një ushtri e armët e nevojshme.

"*Përndryshe*", paralajmëroi nën sekretari i Shtetit Robert Lovett, "*arabët mund të përdorin armë amerikane kundër hebrejve, ose hebrejtë mund ti përdorim kundër arabëve*"; harronte se arabët i kishin shumë kohë më para luftës. Të mos harrojmë se që të tre presidentët amerikanë të kohës miratuan këtë padrejtësi.

Nga ana tjetër, gjatë luftës së dytë botërore, aleatët nuk përkrahën emigracionin hebraik në Palestinë, bile dhe kur u bë e qartë se hebrejtë donin vetëm të largoheshin nga Hitleri. Midis viktimave të nazizmit që u larguan nga 1935 deri në 1943, vetëm 8,5% arriti të mbërrinte në Palestinë. SHBA-ja kufizoi pranimin e tyre në 182.000 hebrej (më pak se 7%), Britania e Madhe në 67.000 (më pak se 2%). Pjesa më e madhe, 75% u strehuan në BRSS.

Këtë do e shohim në një paragraf revolucionar në fund të këtij libri. Themi vetëm se amerikanët përsërisnin se hebrejtë nuk duhej të trajtoheshin ndryshe nga grupet e tjera e për këtë arsye Departamenti kundërshtoi ndihmat e Kryqit të Kuq amerikan për refugjatët në Palestinë.

Armët e vetme që u mbërritën izraelitëve për tu mbrojtur nga agresioni arab mbërritën, kontrabandë, nga Çekosllovakia. Më vonë francezët dhe anglezët furnizuan me armë e materiale arabët, por kundrejt hebrejve mbanin akoma embargon. Në fund të 1948 e në fillim të 1949 ishte normale të shikoje aeroplanët britanikë që fluturonin bashkë me skuadrat egjiptiane gjatë kufirit izrael- egjiptian.

Me lindjen e Kombeve të Bashkuara në *prillin* e 1945 lobi arab u shfaq formalisht duke qenë se 5 shtete arabe kishin tashmë delegacionet zyrtare në San Francisco (Egjipti, Iraku, Arabia Saudite, Siria e Libani); ishte më e madhja midis 49 delegacioneve, plus organizatat e tjera pro arabe.

Njëkohësisht u hap një zyrë arabe për informacione në Washington e relatori pro arabë kishin filluar të organizonin lobit në konviktet universitare ku do të linde shoqëria e re civile e SHBA-së.

Nuk duhet harruar as puna e arabistëce në Departamentin e Shtetit e as ajo e misionarëve protestanti amerikanë. Nga San Francisco nisi dhe veprimtaria e shoqërive të karburanteve që financoi totalisht delegacionin saudit si dhe një grup gazetarësh të rëndësishëm që ishin në favor të tyre. Përfaqësuesi sionist Eliahu Elath komentoi: *"Në të kundërt të traditës puritane wahabite, arabët ngrinin dolli me gazetarët me diçka që ishte më e fortë se limonata ose se Koka-Kola".*

Përfaqësuesi hebraike, më të kundërt ishin të shpërndarë, pa një politikë zyrtare të përbashkët. Efekt i lobit arab, vetëm sa për të dhënë ndonjë shembull, ishte fakti që Presidenti i Kilit-që donte të votonte për ndarjen- u bind nga arabët të ndryshonte votën në astenim. E njëjta gjë vlen për ambasadorin grek i cili pranoi se kishte bërë, në emër të interesave të shtetit të tij, një pakt me shtetet musulmane; arabët në të ardhmen do të përkrahnin grekët në çështjet që u interesonin.

Se sa të forta janë presionet antiizraeliane çdokush mund ta verifikojë në dokumentarin amerikan *"Agnelli"* i 2017, që transmetohet nga *Sky*. Jemi në periudhën e krizës së nisur në 1973 (kriza e parë e karburantit si rrjedhojë e luftës së

Kippurit) e Fiati kishte nevojë për kapitale të huaja; Gianni Agnelli i shiti Gheddafit 10% të Fiatit në 1976, pastaj mori në telefon "mikun" e tij bankier Michael David Weill që më vonë tregoi:

"Më tha se duhej të jepja dorëheqjen pasi ortakëve të rinj nuk do t'ju pëlqente të shikonin një mbiemër hebre në këshillin administrativ të Fiatit. Pra, mirupafshim". Agnelli? *"Një njeri pa ndjenja. I tillë është".*

Me kalimin e viteve, pas marrëveshjes së Oslos, dhe SHBA-ja, pas të gjitha shteteve të tjera të botës, filluan të japin fonde të mëdhenj për palestinezët. Flasim për shifrën e jashtëzakonshme prej më shumë se 5 miliardë dollarë; një mesatare vjetore prej rreth 70 milionë dollarësh, midis 1994 e 1999, u kalua në 170 milionë dollarë midis 2000 e 2007 deri në 400 milionë dollarë në 2008. Më shumë se 60% e PB së ANP-së vjen nga ndihmat e fondeve amerikane, të Bashkimit evropian, të Kombeve të Bashkuara e të Bankës Botërore. Në 2013 palestinezët kishin marrë 793 milionë dollarë si ndihma ndërkombëtare; asnjë tjetër shtet në botë arrin në këto nivele.

Edhe sot, brenda SHBA-së, lobi arab ngre zërin; ekziston një kategori e madhe mendimtarësh arabistë, katedra në universitete e gazetarë që kanë interesa ose lidhje me shumë shtete arabe që shtyjnë në ideologjinë antizraeliane. Si mos të flasim për lobin Saudite, d.m.th industria e naftës, kaq e fuqishme jo vetëm në SHBA, por në të gjithë botën. Është e natyrshme që në SHBA sektorë të ndryshëm kanë interes të mbajnë marrëdhënie të forta me shtetet kryesorë të Lindjes së Mesme (Irak, Iran, Arabia Saudite e Emiratet në Gjirin Persik). Blen e njëjta gjë për prodhuesit e armëve, të aeroplanëve e firmat e high-tech; p.sh nga shtatori 2006 këta sektorë kanë pasur një hyrje prej 21 miliardë dollarë për shitje armësh vendeve të huaja. Është dyfishi i importit të një viti më parë! Kush ka blerë? Arabia Saudite (5.8 miliardë dollarë në helikopterë *Black Hawk*, mjete të blinduara tokësore Abrams e Bradley e materiale të tjera); Bahreini, Jordania dhe Emiratet e Bashkuara (1 miliardë dollarë për helikopterë *Black Hawk*); Omani (sistem raketash anti tank për 48 milionë dollarë), plus shumë firma të tjera të asaj zone.

Është jo e vërtetë dhe ideja se të gjithë presidentët (ose ish) kanë qenë, nuk them filo- izraelianë, por të paktën, të asnjanjshëm. Treguam se si u sollën 3 presidentë amerikanë gjatë e pas krijimit të shtetit izraelian.

I afrohet shumë antisemitizmit ish presidenti Karter i cili ka kundërshtuar gjithmonë çdo lëvizje të Izraelit (qoftë dhe lëvizjen e trupave në Liban, marrjen e lartësive Golan gjatë një lufte mbrojtëse, stimulimin e vendbanimeve hebraike me qëllime sigurimi ose njohjen e Jeruzalemit si kryeqytet). Karteri ka akuzuar Izraelin për shkeljen e të drejtave të njeriut duke marrë parasysh dokumenta të paraqitura nga OLP-ja. Ka shkruar një libër të titulluar "*Palestine: Peace Not Apartheid*".

Kur Arafati përkrahu, gjatë luftës së Gjirit, Saddam Husseinin, sauditët vendosën të mos jepnin më ndihma për OLP-në atëherë ai i kërkoi Karterit të shkonte në Riad e të ndërhynte pranë sauditëve për të rimarrë ndihmat ekonomike.

Pikën më qesharake e arriti në 1996 kur me *Carter Center*, bëri monitorimin e zgjedhjeve të ALP-së e sipas tij kishin qenë "*të organizuara mirë, të hapura e të barabarta*". Kush e njihte më mirë situatën, ish drejtori i CIA, Jim Woolsey, e talli: "*Arafati u "zgjodh" në të njëjtën mënyrë që zgjidhej dhe Stalini, më pak demokratisht se Hitleri, që të paktën kishte opozitarë të vërtetë*".

Të njëjtin përgëzim ish presidenti bëri në një artikull për zgjedhjet e 2002.

Në prill 2008, pasi vuri një kurorë me lule mbi varrin e Arafatit, përqafoi publikisht drejtuesin e Hamasit Nasser Shaer; më vonë vajti në Siri për tu takuar me liderin në mërgim të Hamasit Khaled Mashaal.

Të gjithë këtë veprimtari nuk e bënte gratis.Merrte miliona dollarë ,të dhëna nga Arabia Saudite për *Carter Center*. *Investor's Business Daily* i ka publikuar: Mbreti i Arabisë Saudite i ka premtuar 1 milionë dollarë gjatë vizitës së Karterit në Arabinë Saudite në 1983; bankieri i skandalit BCCI, Agha Hasan Abedi i ka dhuruar 500.000 dollarë për qendrën e 10 milionë për projekte të tjera; miku i Arafatit, Hasib Sabbagh pronar i firmës së ndërtimit që mori tenderin nga *Bechtel* i lidhi që të dy; në 1990 Karteri vajti dhe te Rafiq Hariri, në atë kohë president i Libanit, i martuar me një palestineze, e mori 250.000 dollarë për qendrën e tij; tregtari i armëve ,sauditi Adnan Khashoggi, mblodhi rreth 50.000 dollarë për *Carter Center*, në tetor 1983, gjashtë muaj pasi Karteri kishte lavdëruar Arabinë Saudite në një konferencë tregtare saudite në Atlanta; në 1993 Mbreti Fahd i Arabisë Saudite i dha 7.6 milionë dollarë qendrës; në 2005, nipi i mbretit, princi Alwaleed bin Talal, dhuroi rreth 5 milionë dollarë për Carter; në 2000 dhjetë nga vëllezërit e Osama bin Ladenit i premtuan së bashku 1 milionë dollarë, ashtu si dhe sulltani Qaboos bin Said i Omanit në 1998. Financime të tjera kanë mbërritur nga fondi saudit për zhvillimin e nga *Kuwait Fund for Arab Economic Development*, siç dhe nga fondi i zhvillimit i Opek -ut.

Në 2001 Karteri ka martë *Zayed International Prize for the Environment* me një vlerë prej 500.000 dollarësh nga *Zayed Center* me qendër në Abu Dhabi e njëjta që kishte mirëpritur mohuesit e Holokaustit, kishte hipotizuar se 11 shtatori ishte organizuar nga hebrejtë si *Elders of Zion* për të dominuar botën. Njerëz të shkëlqyer...

Po kush është sheiku Zayed bin Sultan al-Nahayan? Është një antiizraelian e antisionist i famshëm.

Jo më pak antisionist Riçard Nikson, Presidente i të djathtës republikane, që në inçizimet e *Pentagon Papers* (1971-1973) villte një lumë fyerjesh :

"Hebrejtë janë krijuar për të qenë spiunë. Keni vënë re sa janë? Janë brenda kokë e këmbë!"; *"Dua që të bëhet një kontroll në të gjitha zonat ku kanë gisht hebrejtë"*!; *"Duhet të vemë në komandë dikë që nuk është hebre e që të mund të kontrolloi hebrejtë në vendin tonë. E qartë"*?; *"Pastaj pjesa më e madhe e tyre janë të pabesë. Të vrasin prapa shpine!"* Funksionari i Agjensisë së emigracionit, fajtor që kryente detyrën, quhej *"hebreu i quajtur Rosenberg. Duhet hequr qafe. Duhet hequr qafe!"* E përsërit dy herë për të qenë i qartë. E më në fund *" pika mbi i"*: *"Betohem se dëshiroj që dikush të arrijë te Kenedi, një bir kurve! Ai ka nën urdhrat e tij një ushtri plot me hebrej që punojnë për të"*! Çfarë faji.....

Dhe Barak Obama është dalluar për gënjeshtrat e mëdha, ose për injorancën kundrejt Izraelit. Zgjidhni ju. Do e gjeni në kapitullin 25 të *A Promised Land* (Toka e premtuar), i pari i dy volumeve me kujtimet e tij. E nis fortë me budallallëqet ish presidenti amerikan:

"Deklarata Balfour e 1917 u botua nga anglezët që kishin pushuar atëherë Palestinën".

Pa dashur ta shqetësojnë po i kujtojmë se në 2 nëntori 1917, data e treguar nga kush ka drejtuat fuqinë më të madhe të botës,anglezët nuk e kishin "*pushtuar*" akoma Palestinën. Në 11 nëntor 1917 trupat e gjeneralit Allenby hynë në Jeruzalem.

Ju do thoni se një gabim bën vaki...por jo!!! "*Gjatë 3 dekadave që ndoqën Israeli u angazhua në një sërë konfliktesh me fqinjët e tij*". Kjo është gënjeshtër e poshtër si ato që sulmin terrorist e paraqesin në shtyp si "*zënie*". Qëllimi është fshehja e motiveve, e provokacioneve, e sulmeve arabe kundër Izraelit. Bën akoma më keq kur thotë se:

"*Liderët sionistë mobilizuan një valë emigrimi drejt Palestinës e organizuan forca të armatosura shumë të përgatitura për mbrojtjen e vendbanimeve të tyre*".

I shpëton fakti që emigracioni hebraik u kufizua jashtëzakonisht nga anglezët e u lejua për arabët. E nuk mbaron me kaq.

"*Kur u tërhoq Britania e Madhe të dy palët filluan luftën*".

Filluan?!? Arabët kishin kërcënuar të masakronin hebrejtë para e direkt pas votimit për ndarjen; e provon fakti që 4 shtete arabe u përpoqën të pushtonin pjesën që i përkiste Izraelit.

Në kapitullin e kushtuar lobit arab pas AIC – ut për të cilin treguam pisllëqet propagandistike, nuk mund të mos përmendim organizata të tjera musulmane të krijuara në SHBA, si *Council on American-Islamic Relations* (CAIR) në 1994; lindi si ide në 1993 kur anëtarë e simpatizantë të Hamasit në Filadelfia vendosën të bojkotonin marrëveshjen e Oslos. Asistenti i Prokurorit të Përgjithshëm Ronald Weich, denoncoi se dokumentet e provat e procesit kundër *Holy Land Foundation*, kishin dëshmuar lidjen midis krijuesve të CAIR e Komitetit për Palestinën e midis tyre e Hamasit.

Në një tjetër çështje prokurorët federalë kanë sqaruar: *"Që nga krijimi nga ana e liderëve të Vëllezërve Musulmanë , CAIR ka punuar së bashku me të afërt të tjerë të Vëllezërve Musulmanë për të mbështetur terrorizmin"*. Në 2008 *FBI* ka ndërprerë kontaktet me CAIR; ish shefi I divizionit anti terrorizëm i FBI, Steve Pomerantz ka deklaruar: *"CAIR-i ka mbrojtur persona që merren me dhunë terroriste, përfshirë dhe liderin e Hamasit Mousa Abu Marzook"*.

CAIR-i vazhdon të forcohet me financime të vazhdueshme nga jashtë; ato venë nga Arabia Saudite (250.000 dollarë), te sovrani i Dubait (1 milion dollarë), te Banka e Kuvajtit (kredi prej 2.1 milionë dollarë), te princi saudit Alwaleed bin Talal (falje prej 500.000 dollarësh), te princi saudit Abdullah bin Mosa'ad (112.000 dollarë).

CAIR ka marrë para nga Asemblea botërore e rinisë musulmane, afër Ara- bia Saudita që përhap ide ekstremiste musulmane. Kjo lobi arabike është aq e fortë sa që CAIR në 2002 ka bindur regjisorët të përshtatin librin e Tom Clancy, *"The Sum of All Fears"* duke zëvendësuar terroristët arabë me neo nazistët.

Regjizori i filmit, pothuajse në gjunjë ka lëvduar CAIR :

"Shpresoj që tani do jeni të kënaqur për faktin se nuk kam qëllim të jap pamje negative të arabëve ose të musulmanëve".

Përveç CAIR ekziston dhe American Muslim Council (AMC), e themeluar në 1990. Me fjalë AMC lufton terrorizmin por nuk denoncon grupet terroriste si Hamasi e Jihadi islamik e shton se për ta kush lufton terroristët në të vërtetë lufton vetëm *"musulmanët e arabët vetëm pse janë të tillë"*.

Themeluesi i AMC, Abdurahman Alamoudi, është filmuar nga një telekamer ndërsa festonte aktet e Hamasit e të Hezbollahut gjatë një feste islamike. Në një manifestim pro palestinez para Shtëpisë së bardhë në 2000 nxiste turmën: *"Të gjithë jemi përkrahës të Hamasit... Jam dhe përkrahës i Hezbollahut"*. Nuk lë asgjë mangët...Në Beirut e kanë fotografuar, gjatë një konference, bashkë me përfaqësuesit e *Al-Qaedës,* të Jihadit islamik, të Hamasit e të Hezbollahut. E kanë regjistruar mbi atentatin e 1994 në qendrën e komunitetit hebraik në Buenos Aires, në Argjentinë, ku humbën jetën 86 persona. Ai e quan një *"operacion që meriton respekt".*

Prapa këtyre pro terroristëve qëndrojnë organizata kristiane si *American Friends Service Committee,* Konferenca kombëtare e peshkopëve katolikë, këshilli kombëtar i kishave të Krishtit e kisha presbiteriane. Të gjitha së bashku kanë shkruar një letër proteste pro AMC ku kjo e fundit quhet " grupi kryesor musulman në Washington .

Një krye autogol antiizraelian ka bërë dhe Gjykata penale ndërkombëtare e Hagës (CIG) që nisi një hetim penal mbi Izraelin e Hamasin. Për ç'arsye autogol? Gjykata vendosi se territorët palestinezë kishin të drejtë ligjore për Statutin e gjykatës e kjo është një gafë e madhe juridike pasi CIG ka të drejtë ligjore vetëm mbi shtete të njohura. Njohja e ANP-së është një gafë e madhe. Nga ana tjetër si Izraeli ashtu dhe SHBA-ja nuk e kanë ratifikuar ende atë traktat, prandaj vendimet e Gjykatës penale ndërkombëtare nuk kanë vlerë për ta.

Po OKB-ja? Është, ndoshta, e para në listën e Lobit Arab. Kanë arritur deri sa të mbanin një minutë heshtje për vdekjen e Kim Jong-un, kreu i regjimit në Korenë e Veriut. Ishte ai që nëpërmjet ministrit të punëve të jashtme kishte dhënë një deklaratë në të cilin quante Izraelin:

"Një shtet sponsor të terrorizmit që kërkon të vulosë shtete të tjera" e *"që e ka shëndruar Gazën në një thertore njerëzore e në një vend për të masakruar fëmijët"* e se kjo rrjedh *"nga shpirti i tyre mizantropik e nga dëshira e tyre për ekspansionin e territorit"*. Pra... një medalje nderi për Izraelin.

Po për Ban Ki-Moon, i cili mbajti 1 minutë heshtje për të gjitha viktimat e terrorizmit në botë, gjatë Konferencës së Parisit për klimën e nuk përmendi, sa çudi, Izraelin. Të njëjtin gjë kanë bërë Papa Bergoglio, Joe Biden e lider të tjerë internacionalë.

Që nga vitet '70 është i fortë një grup shtetesh kundër Izraelit (pothuajse të gjithë janë diktatura ose autokraci) brenda Asamblesë së përgjithshme. P sh në 10.11.1975 (përvjetori i natës së kristalëve!), në Asamblesë plenare të OKB-së, 143 shtete votuan rezolutën e famshme mbi racizmin izraelian, shtete raciste, siç e dinë mirë kurdët e hebrejtë e Irakut, musulmanët e Indisë e hindutë e Pakistanit, të zinjtë e Sudanit. Një krye trust njerëzish të mirë...

Kush ishte në atë kohë sekretar i përgjithshëm? Ishte austriaku Kurt Waldheim mbi të cilin në 1986 u zbuluan provat e të kaluarës naziste, pikërisht në arkivat e Kombeve të Bashkuara. 16 vjet më vonë në 16 dhjetor 1991, me 111 vota pro, 25 kundër e 13 asnjanjës, Asemblea e përgjithshme , lau atë turp.

Nëse do të kontrollonim vendimet e Këshilli të Sigurimit të Kombeve të Bashkuara, të votuara para 1990, 97 janë kundër Izraelit. Në 690 rezolutat e Asamblesë së përgjithshme të Kombeve të Bashkuara të votuara para 1990, 429 ishin kundër

Izraelit. Në të kundërt, deri në 1967, kur prisheshin sinagogat, kur të rinjtë jordanë turpëronin rregullisht varrezën e vjetër hebraike në Malin e Ullinjve, kur jordanët zbatonin një politikë aparteidi e u pengonin hebrejve të vizitonin Malin e Tempullit e Murin Perëndimor (Kotel), për çudi, OKB-ja ka heshtur. Ka pasur rezoluta me të vërtetë qesharake si ajo nr. 162/ 1961 mbi faktin se Izraeli kishte bërë provat e përgjithshme të një parade ushtarake në zonën e Jeruzalemit të njohur nga OKB-ja, nën kontrollin izraelian. Mbreti Husein i Jordanisë kishte protestuar e Këshilli i OKB-së, si gjithmonë me shumë respekt, i tërhoqi zyrtarisht vërejtje Izraelit. Rezoluta n. 250/ 1968 kishte të njëjtën përmbajtje por – me të drejtë- edhe në këtë rast Izraeli bëri festimin e tij kombëtar të lirë e demokratik.

Të mos harrojmë se në 65 rezoluta të OKB-së, që janë të gjitha kundër Izraelit, vetëm 17 (d.m.th 26%) ose pak më shumë se një e katërta duken me të vërtetë të tilla. 48 rezolutat e tjera dënojnë faktin që Izraeli ka *"guxuar"* të reagojë kundër terrorizmit arab...

Në të mirë apo në të keq, kur nuk ka zgjidhje tjetër, vendoset ti tërhiqet veshi Izraelit *"dhe palëve të tjera të implikuara"*.

Sot duke qenë se nuk ekziston më blloku sovjetik, d.m.th pro musulman, ka 193 anëtarë të OKB-së në anët e të cilëve w20 bëjnë pjesë në të ashtuquajturin *"lëvizje e asnjanjësve"*, ata që gjatë luftës së ftohtë nuk ishin as me perëndimin e as me bllokun sovjetik; këta pra kanë zgjedhur Iranin si zëdhënës.

Midis tyre ka 56 anëtarë të Organizatës së Koperimit islamik (*Organization of Islamic Cooperation*).

29 nëntori dita kur Kombet e Bashkuara ndanë Palestinën në 1947, është zgjedhur *"Dita ndërkombëtare e solidaritetit me popullin palestinez"*; çdo gjë është shoqëruar nga fjalime të ulëta, filma e ekspozita anti izraeliane. Gjatë një nga këtyre aktiviteteve u shfaq dhe një hartë e Lindjes së Mesme në të cilën Izraeli nuk figuronte e në vend të tij dukej një "Palestinë" që nuk ekziston.

Gjatë festimeve të 2007 (për 60 vjetorin e Rezolutës së ndarjes) kishte vetëm dy flamurë, flamuri i OKB-së e një flamur palestinez .

Për të kuptuar turpin anti izraelian me një drejtim të vetëm të këtyre institucioneve të OKB-së le t'ja japim fjalën, e pakundërshtuar deri më sot), ish- ambasadorit izraelian në OKB, Dare Gold në 2000, menjëherë pas tërheqjes nga Libani. Ja si qëndrojnë faktet. Tre ushtarë izraelianë u grabitën në Shebaa Farms në majat e Golanit; shërbimet izraeliane e dinin se grabitja ishte filmuar nga kamerat e UNIFIL, misioni i paqes i OKB-së. I dërguari i Kofi Ananit në Lindjen e Mesme, mohoi ekzistencën e videos. Çfarë ndodhi më vonë? UNIFIL-i pranoi se e kishte kasetën e në të dukej ajo që deri atëherë kishin mohuar; kriminelët ngelën të lirë e nuk u mor më asnjë lajm mbi të grabiturit.

Për shkak të Lobit pro arab në OKB nuk është përkujtuar kurrë Holokausti nazist deri në 2005, edhe pse sekretari i përgjithshëm Kofi Anan kishte thënë se OKB-ja u krijua si kundër përgjigje e kampeve naziste. Në 50- vjetorin e lirimit të Auschwitzit, në 1995, rusët e vendet arabe kundërshtuan seksionin e dedikuar; vetëm 150 shtete në 191 votuan për të kujtuar 60 vjetorin, por dhe kjo u arrit pasi Kofi Annan premtoi se do të votonte (gjë që bëri), rezolutën kundër murit izraelian. Ditën e përkujtimit, 24 janarin e 2005 karriget e vendeve arabe ngelën bosh; ishin prezent vetëm Afganistani i sapo liruar nga amerikanët e Jordania. Lobi arab ka themeluar dhe Komitetin mbi të drejtat e pamohueshme të popullit palestinez, në 1975. Ky komitet ka shërbyer vetëm për të mbledhur miliona dollarë finanzime për drita, pulla poste, mbledhje, film e rezoluta për të *"drejtat"* e palestinezëve.

E njëjta gjë mund të thuhet për Këshillin e të drejtave njerëzore i Kombeve të Bashkuara (që zëvendësoi Komisionin e të drejtave njerëzore në 2006); në të gjejmë diktatura e regjime totalitare si Arabia Saudite, Katari e Venezuela. Objektivi është gjithmonë sulmi kundër demokracisë izraeliane e mbyllin sytë kur bëhet fjalë për tragjedinë e Darfurit, për Kinën ose Kubën (që çuditërisht kanë vende në Këshill). Në 2007 Sudani ka drejtuar një Komision supervizimi të të drejtave njerëzore megjithëse Presidenti i tij ishte Omar Hassan al-Bashir, që organizoi gjenocidin në Darfur.

Në 2013 Irani u zgjodh në Komisionin kompetent për çarmatimin...Kjo është koherente me financimet që u jep terroristëve, me programin nuklear që përdoret si kërcënim kundër Izraelit. Diktatura persiane është emëruar zëvendës presidenti i Komitetit juridik në Asamblenë e Përgjithshme.

Kurse Izraeli nuk mund të bëjë pjesë në Komisionin mbi të drejtat njerëzore të Ginevra edhe pse është i vetmi vend i Lindjes së Mesme që i respekton. Natyrisht mund të thonë se Izraeli ka bombën atomike, d.m.th paraqet një rrezik. Në dallim nga Pakistani, India e Korea e Veriut Izraeli nuk ka bërë asnjëherë eksperimente nukleare e as ka kërkuar se do ta përdorë.

Po HRC? Në 2009 ka emëruar një Komision që do të hetonte mbi krimet e luftës izraeliane të kryera gjatë luftës me Hamasin. A e dini kush merrte pjesë? Christine Chinkin, pikërisht ajo që e kishte akuzuar Izraelin për krime lufte para se të fillonte hetimin! Komisioni, natyrisht besoi çdo gjë e përpiloi një raport prej 575 faqesh me fakte e tregime të paverifikuar të dhëna prej palestinezëve e prej Ong-ve. Në bazë të këtij dokumenti Hamasi nuk ka kryer asnjëherë terrorizëm kundër civilëve, prandaj Izraeli nuk kishte të drejtë të mbrohej. E për Konferencën botërore të OKB-së kundër racizmit që u mbajt në Durban në Afrikën e Jugut në 2001 çfarë mund të themi? Mund të themi se ishte në shërbim të Lobit arab kundër Izraelit. Ja pse. Popullata izraeliane është vetëm 0,10% e popullatës botërore, por ka kundër 40% të votave të Asamblesë së përgjithshme. Ish sekretari i përgjithshëm Kofi Annan, pranoi në fjalimin e tij në seksionin e 61 të Asamblesë së përgjithshme në 2006, se institucionet e OKB-së kanë një dopio standard që ndryshon kur gjykohet Israeli ose shtete që sillen në të njëjtën mënyrë (ndoshta dhe më keq).

Ju pyes atëherë: dikush ka guxim të flasi (vetëm) për Lobin hebraik?

••••

Alleatët "bashkëfajtorë" të zgjidhjes finale?

Edhe pse nuk ka një lidhje direkte me tematikën e librit, mu duk e rëndësishme të paraqes në fund, si një sintezë,këtë kapitull që është pjesë e një libri tim të mëparshëm; do t'ju hapi sytë e do t'ju tregojë të vërtetën mbi një turp Britanisë së Madhe e të SHBA-së.

Është i panjohur libri, shumë i rëndësishëm i historianit e profesorit të njohur universitar amerikan I fesë hebraike, Richard D Breitman që bazohet në zbulime të fundit në arkivat amerikanë e britanikë mbi Holokaustin. Kërkesa për të konsultuar një pjesë të arkivave që bëjnë fjalë për qëndrimin e mbajtur nga SHBA-ja kundrejt Holokaustit, gjatë luftës së dytë botërore e prezantuar nga historiani në zyrat e *National Archives* americani, arkivat kombëtarë amerikanë (NSA) jo vetë nuk u prit mirë, por hasi dhe në kundërshtime.

Një përgjigje e parë, jo e plotë, mbërriti pas 9 muajsh; mundësia e konsultimit e një pjese të materialit u dha pas një kohe akoma më të gjatë. E njëjta gjë u verifikua dhe me kërkesën e drejtuar arkivave britanikë, bile u në e nevojshme mbështetja e shtypit dhe ndërhyrja e ndonjë senatori në Dhomën e Lordëve.

Vetëm pas fitores së Toni Blair në 1997 u duk një rreze shprese. E njëjta kërkesë ju drejtua dhe arkivave zviceranë, por ata nuk dhanë asnjë leje. Përse vallë qeveritë e Britanisë e të SHBA-së kundërshtuan këto kërkesa. Çfarë donin të fshihnin?

"Në majin e 1943 ambasada polake në Londër i dorëzoi Foreign Office një... rrëfim të direkt (shumë i detajuar) mbi gjenocidin që po zhvillohej në Treblinkë, që sipas autorit ishte qendra e zhdukjes e hebrejve evropianë. Në dokument përmendeshin dhe kampe të tjera, midis tyre dhe Auschwitz".

Në 8 dhjetor 1942

"Maurice Wertheim i American Jewish Committee, Adolph Held i Jewish Committee, Henry Monsky i B'nai brith, Israel Rosenberg i Union of Orthodox Rabbis i SHBA-së e rabini Stephen Wise i dorëzuan Presidentit Roosevelt memorandumin 'plani i zhdukjes' që përmbante një seksion special mbi urdhërin

e Hitlerit për eliminimin e hebrejve... Wise ju lut Rooseveltit që ti bënte të njohur të gjithë botës projektin e gjenocidit e të bënte të pamundurën për ta ndaluar. Presidenti u përgjigj se qeveria ishte në dijeni të të gjitha lajmeve (konfirmimin përfaqësuesit e SHBA-së e kishin marrë si në Zvicër ashtu dhe në shtete të tjera)
".

Si ju përgjigjeshin angloamerikanët kërkesave për të pranuar refugjatët hebrej që kërkonin ti shpëtonin vdekjes?

"Ministri i Punëve të brendshme njofton se dikasteri i tij është gati të pranojë [në Britani n.e a] një numër të kufizuar refugjatësh, rreth 1000- 2000, jo më shumë e me kusht që ata të çohen në ishullin e Manit e të mbahen atje deri sa të jetë e nevojshme. Nuk mund të pranojmë që dera tu hapet hebrejve në mënyrë të pakufizuar. Të mos harrojmë se në këtë vend kemi deri tani 10 mijë refugjatë e se problemi i sistemimit është shumë i vështirë e do të acarohej më tepër në se sulmet ajrore do të vazhdojnë. Ministri i Punëve të brendshme ju kujton se tek ne fshihet një anti semitizëm i fortë. Nëse do të regjistronin një rritje të madhe të numrit të refugjateve hebrej e nëse këta refugjatë pas luftës nuk do të largohen nga Britania e Madhe do të jemi në mes të problemeve".

E pakomentueshme. Të zënë të ngjethurat. E nuk mbaron me kaq, pasi

"kur në fund të dhjetorit 1942 diplomatikët britanikë në Turqi njoftuan se ndoshta Rumania ishte gati të lejonte ikjen e pothuaj 70 mijë hebrejve, një funksionar i Foreign Office, specialist i problemit, e quajti një "prospektivë" të tmerrshme që duhej përballuar nëse nuk do të donin të dëgjonin kambanat e peshkopëve. Dorëheqja e Rumanisë i evitoi problemet Britanisë".

Në 16 janar Lady Reading, themeluesja e presidentja e *Women's Voluntary Service* (WVS), i dërgoi Çurçillit këtë letër:

"Ju njihni më mirë se unë, më mirë se çdo fjalë që unë mund të përdor për të treguar kushtet e tmerrshme në të cilat gjenden hebrejtë që vuajnë nazizmin... disa mund ti shpëtojmë nëse do të arrijmë të thyejmë prangat e burokracisë".

Zyra e Çurçillit u përgjigj në mënyrë të papranueshme:

" Tani për tani po i kushtojmë vëmendje të madhe problemit të ndihmës e të ndihmave për hebrejtë e jo hebrejtë [sikur të ishte e njëjta gjë në raport me Holokaustin! N.e.a] e që gjenden në çizmen e armikut.. edhe sikur të na jepnin lejen të merrnim të gjithë hebrejtë (le të lëmë mënjanë, për pak, refugjatët jo hebrej), vetëm transportimi i tyre do të ishte një problem i pa zgjidhshëm..."

Ndodhi që

"njerëzit që punonin në Divizionin e vizave ankoheshin pasi kishin marrë në krishtëlindjet e 1942 , kartolina në të cilat i quanin "vrasës".

Po në SHBA?

"Kongresi u tregua indiferent... Por dhe në Amerikë jehona që patën lajmet shumëfishoi kërkesat për ndihmë,aq sa detyroi disa funksionarë të Departamentit të shtetit të tentonin bllokimin e informacioneve".

Më vonë *"në 30 janar 1943 Foreign Office dërgoi në Washington një memorandum"* më të cilin *"britanikët refuzonin në mënyrë të prerë të trajtonin çështjen e refugjateve si një problem ekskluziv të hebrejve e shpjegonin se shumë popuj të tjerë po vuanin e se to të shpërthenin kritika nëse aleatët do të shfaqnin preferenca kundrejt izraelitëve. Foreign Office parashikonte një rritje të anti semitizmit në çdo vend nëse do të hynin nga jashtë hebrejtë. Gjermania e satelitët e saj kishin mundësi të mbushnin me emigrantë të huaj shtetet e tjera".*

Problemi qëndronte në faktin se duhej frenuar emigracioni e anti semitizmi që do e kishte shoqëruar pa harruar nevojën e aleatëve të ruanin faktin se kishin zgjidhur kodin *Enigma* I cili u kishte shërbyer për të njohur dhe Zgjidhjen finale që po zbatohej në Evropë. Prandaj *Foreign Office* shtonte :

"Qeveria e Madhësisë ka marrë të gjitha masat për... të mos dhënë mënyrë të mendohet se plane masive shpëtimi mund të aplikohen në kushtet e vështira të luftës".

Dhe Zvicra mban fshehur mirë sekretet e saj :

"Një ditë më parë Ambasada zvicerane në Londër i kishte [e nënvizuar n.e.a] thënë Foreign Office... se Federata nuk mund të mbante peshën e refugjateve edhe pas luftës [n.e.a] e kishte kërkuar garanci në këtë drejtim... Ambasadori kishte shtuar se Zvicra ishte në ankth për numrin e refugjateve e Alec Randall e kishte garantuar se bisedimet do të ishin jo formale e para përgatitëse e se nuk do i kërkohej qeverisë së Bernës të angazhohej pa u konsultuar më parë".

Në 24 mars 1943 Joseph M. Proskauer i *American Jewish Committee* e rabini Wise që drejtonin së bashku Joint *Emergency Committee for european jewish affairs* (Komision i përbashkët për krizat e për çështjen e hebrejve evropianë), arritën të kishin një takim me Ministrin e Punëve të Jashtme Eden.

"Në 27 mars , një të shtunë, Eden i priti për gjysmë ore. Wise e Proskauer kërkuan që me një deklaratë të re të aleatëve ti kërkohej Hitlerit të lejonte hebrejtë të largoheshin nga Evropa e pushtuar. Eden tha se ishte një ide totalisht e pa "realizueshme..." Ministri nuk dha shpresa kur u fol për tu dërguar ushqime

hebrejve të uritur që banonin në Evropë e likuidoi çfarëdo lloj sugjerimi. Të demoralizuar Wise e Proskauer u kthyen te Welles që premtoi se do përpiqej të bënte të pamundurën".

Arrijmë tani te Konferenca anglo- amerikane e zhvilluar në Bermuda në 19 prill 1943:

"Në debatin e zhvilluar me dyer të mbyllura në Bermuda secila palë pranoi të mos prekte pikën e dobët të tjetrit; anglezët u trembeshin propozimeve që mund të acaronin arabët në Lindjen e Mesme e mund të çonin në bisedime me Gjermaninë për lëshimin e hebrejve ose dërgim ushqimesh nëpërmjet bllokut aleat; amerikanët u trembeshin propozimeve që minonin politikën e tyre mbi emigracionin".

Punë e madhe nëse 6.000.000 milionë hebrej do vriteshin...

• • • •

Falenderime

Shumë faleminderit S.E Piazza, pa përkthimin e të cilit nuk do të ishte i mundur ky version shqip (përkthim i autorit).

E vërteta e fakteve mbi konfliktin arab- palestinez është fanari që më ka ndriçuar gjatë gjithë librit.

Pas suksesit të madh, në realitet i papritur për përmasat e tij e pas kërkesave të ardhura nga e gjithë bota, libri është përkthyer në anglisht, spanjisht, frëngjisht, gjermanisht, rusisht, portugalisht ,arabisht, në gjuhët hollandeze e hebraike e tani dhe në shqip. Mendoj se punën time e kreva. Tani ju takon juve, të dashur lexues, të shpërndani e këshillonin- dhe nëpërmjet reçensioneve *online* në dyqanet ku keni blerë librin ose e - librin – atë që sapo lexuat.

Bibliografi

Allam, M.C. *Viva Israele. Dall'ideologia della morte alla civiltà della vita. La mia storia.* Mondadori, Milano, 2007.

Bard, M. *The Complete Idiot's Guide to Middle East Conflict.* Alpha, Indianapolis, 1999.

- *The Arab lobby. The invisible alliance that undermines America's interests in the Middle East.* HarperCollins, New York, 2011.

- *Myths and Facts. A Guide to the Arab-Israeli Conflict.* CreateSpace Independent Publishing, Platform Scotts Valley, 2017.

Barnavi, E. *Storia d'Israele. Dalla nascita dello Stato all'assassinio di Rabin.* Bompiani, Milano, 2001.

Ben Gurion, D. *Il sionismo*, Luni, Milano , 2000.

Black, I. *Nemici e vicini. Arabi ed ebrei in Palestina e Israele. 1917-2017.* Einaudi, Torino, 2018.

Boltanski, C., El-Tahri, J. *Les sept vies de Yasser Arafat.* Grasset & Fasquelle, Parigi, 1997.

Bregman, A. *La vittoria maledetta- storia di Israele e dei territori occupati.* Einaudi, Torino, 2017.

Breitman, R.D., *Il silenzio degli alleati. La responsabilità morale di inglesi e americani nell'Olocausto ebraico.* Mondadori, Milano, 2000.

Brillanti, C. *Studi politici. Materiali e documenti. Le sinistre italiane e il conflitto arabo-israelo-palestinese. 1948-1973.* University Press, Pisa, 2018.

Chomsky N., Pappé I., *Palestina e Israele: che fare?* Fazi, Roma, 2015.

Codovini, G. *Storia del conflitto arabo israeliano palestinese. Tra dialoghi di pace e monologhi di guerra*. Bruno Mondadori, Milano, 2007.

Del Valle, A. *Il totalitarismo islamista all'assalto delle democrazie*. Solinum editore, Alessandria, 2007.

- *Perché la Turchia non può entrare nell'Unione europea*. Guerini ed Associati, Milano, 2009.

- *I Rossi Neri, Verdi: la convergenza degli Estremi opposti. Islamismo, comunismo, neonazismo*. Lindau, Torino, 2009.

Dershowitz, A. *The Case for Israel*. Wiley, Hoboken, 2003.

Eban, A. *Eredità. Gli ebrei e la civiltà occidentale*. Mondadori, Milano, 1986.

Estulin, D. *Isis S.p.a.* Sperling & Kupfer, Segrate (Mi), 2016.

Finkelstein, I. *Il regno dimenticato. Israele e le origini nascoste della Bibbia*. Carocci, Roma, 2020.

Foxman, H. *The Deadliest Lies. The Israel Lobby and the Myth of Jewish Control*. Abraham St. Martin's Press, New York, 2007.

Fraser, T.G. *Il conflitto arabo-israeliano*. Il Mulino, Bologna, 2009.

Hart, A. *Arafat, Terrorist or peacemaker?* Sidgwick & Jackson, London, 1984.

Herzl, T. *Lo Stato ebraico*. Carabba, Lanciano (Ch.), 1918.

Meotti G. *Muoia Israele. La brava gente che odia gli ebrei*. Rubbettino Editore, Soveria Mannelli, 2015.

- *L'Europa senza ebrei*. Lindau, Torino, 2020.

Moncada Di Monforte, M. *Israele. Uno Stato razzista. Anche verso gli ebrei non europei*. Armando Editore, Roma, 2010.

Morris, B. *1948. Israele e Palestina tra guerra e pace.* Rizzoli, Milano, 2004.

- *Esilio. Israele e l'esodo palestinese 1947-1949.* Rizzoli, Milano, 2005.

- *La prima guerra di Israele. Dalla fondazione al conflitto con gli Stati arabi 1947-1949.* Rizzoli, Milano, 2007.

- *Due popoli una terra.* Rizzoli, Milano, 2008

- *Vittime. Storia del conflitto arabo-sionista 1881-2001.* Rizzoli, Milano, 2009.

Morris, B., Black, I. *Mossad. Le Guerre Segrete Di Israele.* Rizzoli, Milano, 2003.

Nirenstein, F. *A Gerusalemme.* Rizzoli. Milano, 2012.

- *Le 12 bugie su Israele. Tutti i luoghi comuni dell'odio antiebraico.* Editore il Giornale, Milano. 2016.

- *Jewish Lives Matter. Diritti umani e antisemitismo.* Giuntina, Firenze, 2021.

Pacepa, M. *Red Horizons. Chronicles of a Communist Spy Chief.* Gateway Books, Southlake, 1987.

Pappé, I. *La pulizia etnica della Palestina.* Fazi, Roma, 2008.

- *Storia della Palestina moderna. Una terra, due popoli.* Einaudi, Torino, 2014.

Rocca, C. *Contro l'Onu.* Lindau, Torino, 2005.

Said, E. *La questione palestinese. La tragedia di essere vittima delle vittime.* Gamberetti, Roma, 2001.

Tarquini, A. *Socialismo, sionismo e antisemitismo dal 1892 al 1992.* Il Mulino, Bologna, 2019.

Vercelli, C. *Israele. Storia dello Stato. Dal sogno alla realtà (1881-2007).* La Giuntina, Firenze, 2007.

- *Breve storia dello Stato d'Israele 1948-2008*. Carocci, Roma, 2008.

- *Storia del conflitto israelo-palestinese*. Laterza, Bari-Roma, 2010.